U0039106

女人與婚姻

A New Vision of Women's Liberation

奧修大師（OSHO）／原著　謙達那／譯

校對／德瓦嘉塔

奧修出版社

A NEW VISION OF WOMEN'S LIBERATION

譯者序

獻給

天下所有追求新知的女性和男性
頭腦清醒、追求眞實生活的人

這是本人翻譯奧修大師著作的第七本，奧修從來不寫書，他的書都是由即席演講所錄下來的。

本書是奧修在好幾個不同的場合談到女性及婦女解放所滙集而成的。奧修是一位不折不扣的成道大師，他站在智慧的最高端來談論婦女解放這個問題。筆者深知，剛接觸奧修的人常常會不同意他書中部份的看法，因爲他的說法是非常革命性的、非常激烈的，是反傳統的、單刀直入的，是走在時代最尖端的。讀者若以偏激來形容他，或許有些不妥，因爲偏激帶有譴責的味道，它同時在暗示說他的話語偏離正道，然而筆者深信，奧修之所以講出那些一針見血的話，乃是出自他的慈悲，他是要喚醒我們深度的昏睡。「婦女新知」雜誌定名爲Awakening，也就是在喚醒我們昏睡的意識。

在不知不覺當中，我們常常做出很多類似殺人或自殺的行爲，當然，這些毀滅性的行爲大部份是在心靈及心理的層面，而不見得是在肉體的層面；事實上，靈、魂、體三個層面是相通的。

本書的論點，表面上似乎是在解放女性，但其實何嘗不也是在解放男性。男、女本來就是互補的，是共存共榮的，任何一方絕不能因爲壓迫對方而得到眞正的幸福和快樂，獄吏和囚犯只是一體的兩面，奴役者和被奴役的人同樣不能達到心靈的自由，因此當我們解放了奴隸，我們同時解放了主人，因爲主人可以從此不必爲看管奴隸而操心。你們或許能夠了解，一個在擔心他太太或先生有外遇而變得憂心忡忡的人是多麼痛苦，當他或她不能賦予別人自由，他本身也同樣失去了自由。

讀者如果有興趣進一步了解奧修大師的智慧，可以跟筆者連絡，我的地址是：台北市臨沂街三十三巷四號二樓。

門徒：謙達那

目錄

第一部份

第二部份

第一部份

第一章

如果你不知道你錯過什麼……

問題：

我聽你說過東方的女人有百分之九十八從來不知道性高潮，爲什麼她們看起來那麼優雅，而不像西方的女人看起來那麼挫折？

這是一個奇怪的生命邏輯，但是就某一方面而言，它非常簡單。在東方，有百分之九十八的女人從來不知道性高潮是什麼。你的問題是：那麼爲什麼她們看起來那麼優雅，而不像西方的女人看起來那麼挫折？原因也就是在此！你必須先經驗某些事情，然後當它被拒絕給你的時候，挫折感才會介入，如果你根本不知道有任何類似性高潮的東西存在，那麼就沒有所謂的挫折。在西方也是一樣，在這個世紀之前，女人並不感到挫折，因爲在那個時候，西方的情形跟現在的東方一樣。

透過心理分析和人類能量的深層分析，人們才發現，千百萬年以來，我們都生活在謬誤之中，那個謬誤就是說女人有陰道的性高潮，那是不正確的，她根本沒有陰道的性高潮。事實上，女人的陰道是完全沒有感覺的，它無法感覺任何東西，她的性高潮是陰蒂的，而那是一個完全分開的部份，她可以不必知道任何性高潮就能夠生孩子，她可以不必知道任何性高潮就能夠作愛，因此，多少世紀以來，不論在東方或是在西方，女人都滿足於成爲一個母親，就某一方面而言，她是反對性的，因爲它沒有給她任何愉快，它只給予麻煩——懷孕。

多少世紀以來，女人就像生孩子的機器一樣地活著，男人把她們當作機器來使用，而不是把她們當作人，因爲在以前，十個小孩子裡面有九個會死，所以如果你要有兩三個小孩，女人必須生兩三打小孩，這個意思就是說，在她的整個性生活裡，當她有能力生孩子的時候，她都一再一再地保持懷孕，而懷孕是一種受苦。

她從來不贊成性，她爲它受苦，她忍受它，她進入性行爲，因爲那是她的責任，而在她的內心深處，她恨她的先生，因爲他就像一隻動物。爲什麼你們認爲女人總是崇拜無慾的聖人？最內在的原因就是：他們的無慾証明他們是比較神聖的人。一個女人無法以同樣的方式來尊敬她自己的先生。

一旦你跟一個女人有性關係，她就不能夠尊敬你，那是你要付出的代價，因爲她知道你使用了她。在每一種語言裡面，它們的表達方式就可以將這一點說明得很清楚：它總是男人對女人作愛，而不是反過來。很奇怪，是他們兩個人在互相作愛，但是在每一種語言裡總是說男人在作愛，而女人只是一個對象，女人只是忍受著去做它，因爲在她的頭腦裡，她被制約說那是她的責任，她被教導說上帝是神，而她必須使他的生活儘可能地愉快。

但是性並沒有給她任何東西。她一直都被蒙蔽……因爲男人一定很早就覺知到，當還沒有婚姻制度的時候，當男人和女人像小鳥一樣地自由的時候，男人一定已經知道，而最古代的女人也知道：她有多重性高潮的能力。這對先生來講是一個非常危險的訊號：一旦她性高潮的能量被發動，先生是無法滿足她的，沒有一個先生能夠滿足一個女人，它似乎是一個不公平、一個自然的錯誤：她能夠有多重的性高潮，而男人只能夠有一個性高潮。

所以男人甚至故意去忽視女人有性高潮這個觀念，那就是爲什麼在東方，目前的情形依然如此（女人被男人所使用），尤其是在內陸國家，因爲它們遠離現代的城市。現代城市裡有一些女人或許已經透過教育而發現到，或者她們聽過馬史特斯和強生(Masters and Johnson)的名字，他們發現女人有多重性高潮的能力。

但是在西方，它變成一個難題，因爲多重性高潮的發現，以及好幾世紀以來女人被男人的欺騙，這兩者是同時被發現的。在婦女解放運動出現的同時，女人試著去找出所有男人對她們所做的錯誤，她突然掌握到這個新的現象、這個研究，而主張女性解放運動最狂熱女人就變成女性的同性戀者，她們變成這樣是基於說只有女人能夠幫助另外的女人達到多重性高潮，因爲它根本跟陰道無關。

除了說男人的乳房在生理上只有一個記號，而女人有實際的乳房之外，男人的身體和女人的身體是非常類似的。陰蒂只是男人陽物的一個記號，它長得很小，它在陰道的外面。小孩子是由陰道生出來的，而男人不需要去碰到陰蒂。如果沒有去玩弄陰蒂，女人無法達到性高潮，所以很容易去避免它。

東方的女人看起來比較滿足，因爲她沒有覺知到她失去什麼。她比較優雅，因爲她甚至還沒有開始想到任何解放。整個東方，不論是男人或女人，都生活在貧窮、奴役、疾病、和死亡的氣氛當中，但是他們被制約成對這些內容感到滿足。

在東方的頭腦裡，革命的概念是不可能的，因爲那個制約非常強，而且已經延續了很多世紀，不管你現在是怎麼樣，你是你自己前世行動的副產物，它跟社會結構無關，它跟教育無關，它跟社會階級無關，它跟男人奴役女人無關，那個制約非常古老，一個人生下來就具備了它，而周遭的氣氛都在支持這個制約。

所有東方的宗教都教導說，女人之所以會被生爲女人是因爲她過去的行爲，男人是較高的，而女人是較低的，這個觀念已經被接受，如果你很貧窮，那並不是因爲你被富人剝削的緣故，你之所以貧窮是因爲你過去錯誤的行爲。

人的頭腦已經從眞實的存在被轉變到虛構的解釋—你無法做任何事去改變你的前世，你必須去經歷它。難以置信的宗教派別在東方成長，那是任何有理性的人所無法接受的，但是卻有千千萬萬的人相信它們。比方說，耆那教的教徒相信女人無法就女人的身體達到成道，因爲她無法成爲一個眞正無慾的人，她無法停止她的月經，月經使她仍然保持是一個有性慾的人，所以，除非她能夠達到滿足、優雅、寧靜、服務她的先生，以及將每一樣東西接受成她的命運—這是使她在下一世能夠被生爲男人的唯一途徑。

所以，現在什麼事都不能做，你必須只是接受，而保持滿足，任何叛逆都將甚至會破壞未來的機會，任何不滿足，任何挫折都將不只破壞你的現在，而且會破壞你的未來，所以，最好的做法、最聰明的做法，就是保持沈默。沒有人能夠幫助你，因爲你在前世做錯了事情，雖然你的貧窮跟你的前世無關……但這是最近才發現的，它尚未根入東方的頭腦。

女人有月經，男人也有，那是最近不久才發現的，所以，如果月經阻止女人成道，它也將阻止男人成道。男人月經的表現很微妙，女人的表現是身體的——你每一個月都能夠看到血，但是如果每一個男人都有寫日記，他將會感到驚訝，每一個月，在經過二十八天之後，有四、五天的時間，他的脾氣會變壞，剛好就像女人變得很易怒、被小事所煩擾一樣。

在另外的時間裡，同樣那個人一定不會被那些事情所煩擾，但是在那四、五天裡面……他的月經比較是心理的，而女人的月經比較是生理的，那是唯一的差別。每一對夫婦最好都能夠很清楚地知道，當一個女人月經來臨，男人必須更加諒解，事情超出她的控制，她將會容易受刺激，她將會容易受煩擾、容易生氣，她將會更加嘮叨。

在東方，爲了要避免這種事，他們找到一個很奇怪的方法：在她的月經期間，女人必須生活在一個黑暗的小房間裡。她不能夠出來，她不能夠跟任何人接觸，因爲即使她的影子也會污染每一樣東西。她不能夠做菜，她必須保持疏遠和隱藏，對她自己感到羞愧。就某一方面而言，如果她在那四、五天之內休息，不跟任何人接觸，不要創造出任何不必要的衝突，那是好的。但這是單方面的、不公平的，男人也有他的月經。

最不好的組合就是先生和太太兩個人的月經碰在一起，那麼他們就會進入戰爭，但是在大多數的情況下，情形不會如此，先生的月經在一段時間，而太太的在另外一段不同的時間。如果先生寫日記寫四、五個月，找出他的月經在什麼時候開始，什麼時候結束，他可以讓他太太和家人知道說，在這五天的時間內，他們必須多忍受一些，對他更加體恤，因爲他將會和女人的月經期間一樣。

男人和女人並非不同種，他們或許會有所不同，但他們是同種的。所以，那個古老的無稽之談說女人無法從女兒身變成成道……因爲她無法避免她的月經，因爲那是一個明顯的證明說她不能成爲一個無慾的人……男人可以假裝成一個無慾的人，因爲他的月經是心理的，而沒有看得見的徵候。

在印度有一個宗派叫做特拉盤斯（Terapanth），它說：即使你從一口井旁邊經過，看到某人掉進井裡，在那裡哭喊著說：救命啊！救命啊！你也不要去理會他，因爲他的受苦是由於他在前世做了什麼錯事的一個懲罰。如果你去干涉，他將必須再度掉進井裡，爲什麼要給他不必要的麻煩？你以爲你是在幫忙，但你只是在延緩。最好讓他完成那個懲罰，而不要幫助他爬出那口井，因爲這樣的話，他就必須再掉進去。

你的干涉是一種危險，而這是不必要的，因爲沒有人能夠改變他的命運，沒有人能夠擺脫他的過去，他必須經歷所有的結果。第二，你的干涉會爲你帶來不良的後果。你救了那個人，而如果他隔天殺了人，那麼，或許你不會被警察或法院抓去，但是所有東方所相信的「業」的法則將無法原諒你，你必須對那個結果負一半的責任，因爲如果你沒有救他，他就不能夠殺人，你是他的共謀，雖然是不知不覺的、無意識的，但那並不會改變那個「業」的法則，在每一個情況下，那個法則都必須被履行。

這是「業的法則」——行爲以及它所帶來之結果的法則——的邏輯結論，那就是爲什麼東方沒有革命，而你的問題說爲什麼東方的女人看起來那麼優雅，而不像西方的女人看起來那麼挫折，這是很容易了解的，因爲她們接受她們的命運，而西方的女人，她們是歷史上第一次在反對所有這些關於命運、「業」的法則、和前世等虛構的觀念。

它是那麼荒謬的一個觀念——如果你在前世做了什麼，存在將會等這麼長的一段時間之後才來懲罰你，誰要來爲這麼多成千上億的人保存記錄？在生活當中，我們都知道，如果你將你的手放在……那就是我告訴一個跟我爭論「業」的法則的耆那教教徒的話，我告訴他：「事情一定如此，如果你將你的手放在火裡，然後讓我們看看它是現在燒掉，或是在你的下一世才燒掉。」

結果會立刻跟著行爲而來。我告訴他：「將你的手放進……」，他遲疑了，我說：「你爲什麼遲疑？需要很長的時間……要到下一世，你的手才會被燒掉。」

他說：「這種爭論的方式很奇怪，你將會馬上燒掉我的手。」

我說：「那使你了解到，在自然界當中，在生命當中，結果是立刻跟著行爲而來的，就好像你被你的影子所跟隨一樣。沒有這樣一個差距：你在某一個前世經過，而在這一世我們才看到你的影子經過，我們只是看到你的影子，就知道某人一定在某一個前世有經過這裡。結果就是那個影子。」

但是西方的女人必須經歷過一個嚴重的革命階段，那個革命會摧毀她們的滿足，以及一直都是屬於她們的優雅，而這已經將她引導到極端，她已經開始以一種醜陋的和骯髒的方式來舉止，那不是一種具有了解性的叛逆，它只是一個反應的態度（反對現實的不合理，但卻不知道眞理在那裡）。

使西方的女人從東方的心態改變過來的原因當中要首推馬克斯，他說服了整個世界的知識份子，他提出說貧窮跟任何前世或命運無關，誰應該貧窮或誰應該富有並不是由神來決定的，是社會結構和經濟結構在決定誰要成爲貧窮的，而這個結構是可以改變的，它並不是神所創造出來的，就這件事而言，沒有神，它是人造的。

蘇聯的革命是一個實驗，它證明馬克斯是對的，它證明社會結構能夠被改變，國王能夠變成貧民，而貧民能夠變成國王。神不會干涉說：「你不能夠這樣做，我已經寫在他們的前額，你不能改變它。」俄國沙皇的所有家人──十九個人，男的、女的、老的、少的、小孩子、一個六個月大的小嬰孩、和一個九十五歲的老人，整個皇室十九個人都遭到殺害，他們被分屍，而神並沒有干涉說：「你們對這個家庭怎麼了？那由我來決定。我使那些人成為幾乎是世界六分之一人口的主人，而你們對他們怎麼了？」俄羅斯帝國是當時最大的帝國，而沙皇是全世界最富有的人。

所以，第一個衝擊來自馬克斯，而第二個衝擊來自佛洛依德，因為他宣稱男女平等，他宣稱他們是屬於同種的，任何譴責女性的理論或哲學都是沒有人性的，而且是大男人主義的。然後第三個，也是最後一個衝擊則來自馬史特斯和強生的研究，它說明了，多少世紀以來，女人的性高潮都被剝奪了，它證明了男人的行為眞的是沒有人性。由於他自己的性需要，他使用女人，但是他不允許女人享受性。

這三件事情改變了西方的整個氣氛，但是這三件事情還沒有貫穿進入東方傳統的頭腦。西方的女人處於戰爭之中，但這只是一個心理反應，因此我不贊成目前以女性解放之名在進行的事情，我希望婦女能夠解放，但不是走到另一個極端。目前的女性解放運動正在走向另一個極端，它試圖報復，它試圖去做剛好是男人對她們所做的事，這是十分愚蠢的，過去的已經過去，它已經不復存在，任何男人所做的，他們都是在無意識的情況下做的，它並非有意識地反對女人的陰謀，他沒有覺知到，而女人也沒有覺知到。

女性的解放運動宣稱她們不想跟男人有任何關係：切斷所有跟男人的關係，她們在鼓吹女性的同性戀，這跟男性的同性戀是一樣的，她們說女人應該只愛其他的女人，而抵制男人，這是十足的反常。作爲一個反應，女人應該做每一樣男人對她們做的事——行爲不端、虐待、像男人一樣地使用髒話，像男人一樣地抽煙。當她們這樣做，很自然地，她們就喪失了她們的優雅，喪失了她們的美……她們穿著像男人。但是衣服改變很多是一個奇怪的現象，東方女性的服裝頗爲優雅，它使女性的全身都變優雅，而西方的女人試著去跟美國牛仔競爭—藍色牛仔褲、看起來很笨拙的衣服、醜陋的髮型。

或許她們覺得她們是在報復，事實上，她們是在摧毀她們自己。報復總是摧毀你，反應（reaction：當別人罵你，你就罵他，這是一個反應）總是摧毀你。我喜歡她們成爲叛逆者。

一個叛逆者知道犯錯是人性之常情，而能夠去原諒則是更具人性。

過去充滿著各種錯誤，切斷過去，在最近發現的眞理的啓蒙之下，重新開始每一樣事情，包括男人跟女人的關係，共同找出一些方法來，看看生命如何才能夠成爲一個美的經驗、一個愛的歡舞，而不要有過去所發生的一切醜陋。不要再重覆它，它就好像鐘擺的擺動：男人正在做愚蠢的事情，而現在女人也將要做出愚蠢的事情。

整個人類還是繼續在受苦，是誰做了這些愚蠢的事情，那是無關緊要的，但是人類並沒有進化。男人和女人必須達到一個了解，他們必須原諒過去，將它忘掉，她們必須帶著新的發現重新開始。記住一件事：女人不應該模仿男人，因爲她的吸引力、她的美有一個不同的層面。如果她模仿男人，她將變成只是男人的影印本，她將失去她的認同。

目前她已經在失去她的認同。身體以一種微妙的方式跟隨著你的頭腦，西方女人的身體正在喪失舊有的優雅和舊有的輪廓，西方的女人沒有像她們以前那麼美的胸部，到底怎麼了？身體跟隨著頭腦，她以前有一個很美的曲線，現在她正在變成一條直線，而一個女人沒有胸部，只是一條直線，全身沒有曲線，這是一個醜的現象，它是多麼地不優雅。她的衣服會影響她的身體，她的心理態度會影響她的身體，她不應該變成男人的影印本，她必須作爲一個女人而變得完美，她必須儘可能在男人和她自己之間創造出距離，那個距離越大，就越有吸引力、越美、越優雅，她必須去找出她自己的認同。

我完全贊同解放，解放男人和女人。這是一個簡單的法則：奴役別人的人也變成別人的奴隸。男人奴役女人，但是他也變成奴隸，那就是爲什麼你無法找到一個沒有眞正怕太太的先生，至少我還沒有找到一個。我一直在找尋一個不怕太太的先生。在外頭，他們都是獅子，至少是獅子會的成員，在家裡，他們還不如老鼠，如果他們了解的話，他們一定會組織一個老鼠俱樂部，那才合乎眞實的情況──一個怕太太的先生俱樂部。

如果沒有自己變成奴隸，你無法奴役別人，任何你給別人的，你都必須拿回來，你給予愛，你就會得到愛，給予奴役，你就會得到奴役，任何你所給予的都會以同樣的形式或其他形式回到你身上，他們兩者都需要解放，從過去解放，從所有的錯誤解放，從所有過去醜陋的觀念當中解放，他們必須去創造出一個新世界、一種新的男人、一種新的女人。

但是到處都沒有像這樣的事情在發生，我希望我的人，尤其是女性，去創造出一個眞正女性解放的前線，那將不是反應的，那將不是來自憤怒和恨，那將是來自了解、慈悲、愛、和靜心，那麼，西方的女性就不會喪失她的優雅，就不會喪失她的滿足。事實上，如果男人讓女人變得更優雅，他也能夠變得更優雅。如果男人讓女人變得更美，他也能夠變得更美，但這意味著創造出更多的距離，他們之間距離越遠，那個磁性的拉力就越大，吸引力就越大，那個進入未知領域探尋的興致就越大。看到一個女人在抽煙，我簡直無法相信我的眼睛！她下一步將要做什麼？她將會開始站著小便！她必須做每一樣男人在做的事，這些都是愚蠢的事。

女人必須超越反應而在她的周圍創造出優雅和美，男人也必須創造出一個更美的個體性、一個更優雅的性格，而他們的會合不應該再是一種婚姻關係，他們的會合應該只是朋友，只是一種友善，而甚至不是「朋友關係」(Friendship)，「朋友關係」這個名詞使人想到「關係」，「關係」使整個人類沈淪，現在，不要再談「關係」了，只要談友善，以及一個深深的了解說在人生當中沒有一樣東西是永恆的，即使愛也是一朵玫瑰花，早晨的時候在風中跳舞，在陽光下跳舞，好像它將會永遠保持如此地富麗堂皇，如此地確定，這麼樣地有權威；那麼脆弱，但還是那麼強壯地面對著風、面對著雨、面對著太陽，然而到了晚上，花瓣凋謝，而玫瑰花就不見了，那並非意味著它是幻象的，那只是意味著，在生命裡面，每一樣東西都是改變，改變使東西保持嶄新、保持新鮮。

當婚姻消失的那一天，男人和女人的生命都將會變得更健康，而且很確實地，他們的生命將甚至比你能夠想像的來得更長，到那時，你或許無法想像婚姻關係是怎麼樣，因爲婚姻是一種反對改變的東西，它創造出一個永恆的東西，然後兩個人都變得無趣、變得無聊，人生就失去了興趣，事實上，他們必須摧毀他們的興趣，否則將會有持續的衝突。先生不能夠對其他任何女人有興趣，而女人不能夠跟其他的男人笑，他們互相變成對方的囚犯，因此生命就變成一個無聊、變成一個例行公事。

誰想要去過這樣的生活？想要去生活的意志被削弱了，這會帶來生病、帶來疾病，因爲他們對死亡的抗拒已經不存在，事實上，他們開始在想要如何儘快結束這整個惡性循環，在他們內心深處，他們開始要求死亡，想要去死的意志開始升起。

佛洛依德是第一個發現在人類潛意識裡有一個死亡意志的人，但是我不同意佛洛依德的説法，這個死亡的意志並不是一個自然的現象，它是婚姻的副產品，它是一項無聊生活的副產品。當一個人開始覺得生命不再是一個進入未知領域的探尋，沒有新的空間，沒有新的草原，那麼，爲什麼要繼續不必要地生活下去？那麼，一個在墳墓裡面永恆的睡覺似乎更舒服、更奢華、更愉快。

沒有一種動物有死亡意志存在，在原野裡，沒有動物會自殺，但是很奇怪地，在動物園裡面曾經發現過動物自殺。如果佛洛依德只研究動物園裡面的動物，他將會下結論説有一個死亡的意志，就好像也有一個生命的意志，但是動物園裡面的動物並非眞正的動物。婚姻使每一個人變成動物園裡面的動物，牠們被限制，被一千零一種微妙的方式束縛住，佛洛依德沒有野生動物的概念，或是野生人類的概念。

我希望人類有某種野生的東西在他們裡面。

那就是我的「叛逆者」。

他將不會成爲動物園的一部份，他將保持自然，他將不反對生命，他將隨著生命流動。如果男人和女人能夠了解──那根本不困難，那是最簡單的──那麼我們就可以放棄作爲動物園裡面的動物，我們就可以從動物園解放。那就是我們所需要的……從婚姻中解放出來。如果女人在她自然的野外當中成長，而男人也在他自然的野外生長，然後他們在友善當中以陌生人會合，他們的愛將會很有深度，將會很愉快，將會是一個喜樂的歡舞。沒有合約、沒有法律，愛就是它本身的法律。

當愛消失，他們將會帶著感激來互相道別，因爲他們曾經享有過他們共同生活時的美麗片刻，他們會感激那些他們一起唱過的歌、一起在月圓之夜所跳的舞，以及所有那些在海灘上如音樂般的片刻。他們將會留下所有那些金色的回憶。他們將會永遠感激，但是他們將不會妨礙對方的自由，他們的愛禁止他們這樣做，他們的愛應該給予更多的自由；在過去，它是給予更多的奴役。

西方的女性非常需要去發動一項新鮮的解放運動，因爲當今女性解放運動的領導者不是靜心的人，她們不是神智清明的人，他們是瘋狂的女人，跟瘋狂的男人在抗爭。

需要的是神智清明。

需要的是一個深深的慈悲，即使是對那些在過去由於他們的無意識而傷害你的人。他們不是有意的。

但是現在的女性解放運動有意地試著去傷害男人，這甚至比過去的男人更醜陋。事態還不算嚴重，還沒有很多女人同意這些反動份子。一項新鮮的婦女解放運動能夠掌握成千上億的聰明而且具有了解性的女人，而這項運動將會得到男人一切的支持，因爲你並不是在跟男人抗爭，你是在跟過去抗爭，在過去，你受苦，男人也受苦，每一個人都受苦。

叛逆並非只是反對男人，叛逆是反對男人和女人兩者的過去，那麼這個叛逆將會具有一個宗教性的品質，它將會帶給人們優雅，帶給人們感激。我希望我已經講清楚爲什麼西方的女人和東方的女人會產生不同。在這個世紀之前，它並非如此。

聽說雷根總統向下注視著一個有名的希臘火山的中央，最後他批評說：「它看起來好像地獄。」

「喔！你們美國人，」那個導遊說：「你們什麼地方都去過。」

西方的女人已經變得更博學多聞，她每一個地方都去過，她已經覺知到東方的女人完全不知道的東西。在她的天眞無知裡有優雅，有一個不屬於這個世界的美，它讓你感覺到彼岸的芬芳，世界上所有的女人都應該如此，每一個女人都能夠變成一支朝向神性的箭，她的優雅、她的美、她的愛、她的奉獻能夠顯示給你朝向更高人性的領域、更偉大的意識空間的道路。

女人不僅能夠生小孩，她也能夠作爲一個眞理的追求者而生出她自己，但是女人尚未在那一方面探尋，我想要我叛逆的門徒也在那一方面探尋。

本文摘自「叛逆者」一書
一九八七年六月十五日上午演講

第二章

害怕親密

問題：

我感覺嚴重地被監禁在害怕跟男人親密而完全失去控制。這個暴亂的女人被鎖在裡面，當她偶而跑出來，男人通常會嚇呆了，所以她就再度隱藏起來，玩一些比較安全的手法，但是這樣做非常挫折，能否請你談論關於這個對親密的害怕？

人類，尤其是女性，罹患了很多疾病。

到目前爲止，一切所謂的文明和文化都是心理上有病的，他們甚至從來不敢承認他們的病，而治療的第一步就是去承認你是有病的。男人和女人之間的關係尤其不自然。

有一些事實必須記住，首先，男人只有一次性高潮的能力，而女人有多次性高潮的能力，這產生出很大的困難，如果婚姻和一夫一妻制沒有被強加在他們身上，事情將不會有任何困難；似乎那並不是大自然的意圖……

第二，男人的性是局部的，是集中在生殖器官上的，而女人並非如此，她的性、她的肉慾遍佈全身，需要花一段較長的時間來挑起她的情，然而，甚至在她的情緒上來之前，男人就結束了。他身體轉過去就開始打鼾。有好幾千年的時間，全世界成千上億的女人從出生到死亡，從來不知道大自然最偉大的禮物—性高潮的喜悅，那是在保護男人的自我。女人需要一段長時間的挑情，好讓她的整個身體能夠開始肉慾的興奮，但是之後會有危險：她多重性高潮的能力要怎麼辦？

就科學觀點來看，或者我們可以不要把性看得那麼嚴肅，而可以邀一些朋友來給予女人整套的性高潮，或者一些科學的震動器可以被使用。但是上述兩者都會有困難，如果你使用科學震動器，它們能夠滿足女人所有的性高潮，但是一旦女人知道了這個，那麼男人的性器官看起來就太貧乏了，而她或許會選擇科學工具，選擇震動器，而不是選擇一個男朋友，如果你允許一些朋友加入，那麼它會變成一個社會的醜聞，說你放縱在性的狂歡裡。

所以男人找到的最簡單方式就是：當男人對女人做愛的時候，她甚至不應該動，她必須保持幾乎像一具屍體。男人的射精很快，最多兩、三分鐘，當男人射完精，女人根本都還沒有覺知到她錯過了什麼。

就生物的繁殖而言，性高潮並非一定必要，但是就靈性的成長而言，性高潮一定需要。

人們一再一再地問我，爲什麼那麼少的女人成道，在所有的理由當中，最重要的一個理由就是：她們從來沒有嘗過任何性高潮，面對著廣闊天空的窗戶從來沒有被打開。她們過日子、生小孩，然後死掉。

在東方，即使是現在，也很難找到一個知道性高潮是什麼的女人。我問過非常聰明，而且受過教育的、很有教養的女人，她們對它也沒有任何概念。事實上，在東方的語言裡，沒有一個字可以用來作爲「性高潮」(orgasm)的翻譯，它是不需要的，它從來沒有被碰過。

男人教導女人說，只有妓女才會享受性，她們會呻吟，她們會哭號，她們會尖叫，她們幾乎發瘋。要成爲一個令人尊敬的淑女，你就不應該這樣做，所以女人保持緊張，她們在內心深處覺得被羞辱，認爲她們被使用，很多女人告訴我說，在作愛之後，當她們的先生繼續在打鼾，她們就在哭。

女人幾乎就像一個樂器，她的整個身體有無比的敏感性，而那個敏感性必須被喚醒，所以需要有挑情。作愛之後，男人不應該就去睡覺，那是醜陋的、不文明的、沒有教養的，給你那麼多喜悅的女人也需要一些作愛之後的愛撫，出自感激的愛撫。

你的問題非常重要，而且在未來將會變得越來越重要，這個問題必須被解決，但婚姻是一個障礙，宗教是一個障礙，你所有陳腐的舊觀念都是障礙，它們阻止一半的人類去達到快樂，而她們的整個能量──那些能量本來應該開出愉快的花朵──都酸掉了，都變成有毒的，而被使用在嘮叨上，被使用在成爲一個壞女人，否則所有這些嘮叨和壞女人（惡毒、怨恨、和傲慢）一定會消失。

男人和女人必須不要像婚姻一樣地訂下合約，他們必須處於愛之中，但是他們必須保持她們的自由，他們互相並沒有欠對方任何東西。

生活必須更加自由地流動，規則本來就應該是：女人接觸很多朋友，而一個男人接觸很多個女人，但這唯有當你們把性當成遊戲、當成樂趣時才可能。它不是罪惡，它是樂趣。自從避孕藥問世，就沒有懷孕的恐懼，男人還不知道避孕藥隱涵著多大的意義。在過去，它是一個難題，因爲作愛意味著更多更多的小孩，這種事摧毀了女人，她總是在懷孕，保持懷孕而生下十二個或二十個小孩是一項痛苦的經驗。

但是未來能夠完全不同，而那個不同將不是來自男人，就好像馬克斯提到無產階級時說：「全世界的無產階級要聯合起來，你們沒有什麼東西可以損失……」然而可以得到任何東西。他看到社會分成兩個階級：富人和窮人。

我看到社會分成兩個階級：男人和女人。

多少世紀以來，男人都是當主人，而女人當奴隸，她被拍賣了，她被出售了，她活活被燒死，任何做得出來的不仁道的事情都被加諸在女人身上……

唯一能夠改變女人地位的似乎就是讓科學自由去改變男人和女人之間的關係，而放棄婚姻的觀念，那是非常醜陋的，因爲它只是一種私有制度，人沒有辦法被擁有，他們不是財產。愛應該只是一個高高興興的遊戲，如果你想要小孩，那麼小孩應該屬於社會，好讓女人不要被冠以母親、妻子、或妓女的封號，這些封號必須被除去。

你在問：「我感覺嚴重地被監禁在害怕跟男人親密而完全失去控制。」每一個女人都害怕，因爲如果她在男人面前失去控制，男人會嚇呆了，他無法掌握，他的性能力非常有限，因爲他是一個給予者，當作愛的時候，他喪失能量，女人在作愛的時候不會喪失能量，相反地，她覺得受到滋潤。現在，這些事實必須被考慮進去。多少世紀以來，男人強迫女人要控制她自己，他們跟她保持一個距離，從來不讓她太親密，所有他對愛的談論都是狗屁。

「這個暴亂的女人被鎖在裡面，當她偶而跑出來，男人通常會嚇呆了，所以她就再度隱藏起來，玩一些比較安全的手法，但是這樣做非常挫折。」這不只是你的故事，這是所有女人的故事，她們都生活在深深的挫折當中。她們找不到出路，她們不知道到底從她身上拿走了些什麼，她們只有一個發洩的通道：他們會走入教堂、走入廟宇、走入寺院、向神祈禱，但是那個神也是一個大男人主義者，在基督教的三位一體裡面，沒有女人的位子，三個都是男人：天父、聖子、和聖靈。那是一個同性戀男人的俱樂部。

我想起，當神開始創造這個世界的時候，祂從泥土創造出男人和女人，然後將生命吹進他們，祂創造他們的時候是平等的，但是注意看我們的世界，你就可以了解，不管它是誰創造出來的，它總是有一點愚蠢。

祂創造出男人和女人，而且做了一個小床給他們睡覺，那個床很小，只能夠睡一個人，而他們是平等的，但是女人堅持說她一定要睡在床上，而他必須睡在地板上，對男人來講，問題還是一樣，他不願意睡在地板上，你一定會很驚訝地發現，「存在」的第一個晚上就是枕頭戰的開始。

他們必須去找神，而那個解決很簡單，只要做一個大的雙人床，任何木匠都能夠做，但是神是一個男人，祂跟其他任何男人一樣自私，祂瓦解了女人，祂摧毀了她，然後祂創造出夏娃，但是如此一來，女人就不再跟男人平等，因爲她是從亞當的一根肋骨創造出來的，所以她要服侍男人、照顧男人、被男人所使用。

基督徒没有告訴你們整個故事，他們從亞當和夏娃開始他們的故事，但是夏娃已經被貶爲奴隸的狀態，自從那一天以後，女人就以千萬種方式生活在被奴役之中。她在經濟上不被允許獨立，在教育上不被允許跟男人平等，因爲這樣的話，她就能夠在經濟上獨立；在宗教上，她甚至不被允許去閱讀經典，或是去聽別人讀經。

在很多方面，女人的翅膀都被切斷了。

而對她最大的傷害就是結婚，因爲男人或女人都不適合一夫一妻制，在心理上，他們是一夫多妻或一妻多夫的，所以他們的整個心理被強迫來反對它自己的本性。而因爲女人依靠男人，所以她必須去承受各種遭受侮辱之苦，因爲男人是主人，他是所有權人，所有的錢都是他的。

爲了要滿足他一夫多妻的本性，男人創造出妓女。妓女是一項婚姻制度的副產品。

除非婚姻制度消失，否則妓女這種醜陋的現象將無法從世界上消失，它是婚姻的影子。因爲男人不想被綁在一夫一妻的關係裏面，而他有活動的自由，他有錢，他有受教育，他享有所有的權力，因此他發明了妓女。

使一個女人變成一個妓女來摧毀她是你所能夠做出來的最醜陋的謀殺。奇怪的事實是：所有的宗教都反對賣淫，然而他們就是它的致因。他們都贊成婚姻，而他們無法看出一個簡單的事實：賣淫是跟著婚姻制度而存在的。

現在女性解放運動試著在模仿所有男人曾經對女人做過的蠢事。在倫敦、在紐約、在舊金山，你都可以找到男性的娼妓，那是一個新的現象，那不是一個眞正的革命，那只是一個愚蠢的反應。

問題在於：除非你在作愛的時候能夠失去控制，否則你將不能夠有性高潮的經驗，所以至少我的門徒應該更加了解，女人將要呻吟、哀號、或尖叫，因爲她的整個身體都涉入、完全涉入，對於這一點你不需要害怕，那是非常具有治療作用的，她將不會怨你，她將不會對你嘮叨，因爲所有變成怨氣的能量，都已經被轉變成無比的喜悅。不要擔心鄰居，如果他們擔心你的呻吟或哀號，那是他們的問題，而不是你的問題，你不必去預防……

使你的愛成爲眞正的享樂韻事，而不要使它成爲一個打了就跑的事件。唱歌、跳舞、奏樂，不要讓性成爲大腦的，大腦的性是不眞實的，性應該是自發式的。

創造出那個情況。你的臥室應該是一個跟廟宇一樣神聖的地方，在你的臥室裏，其他什麼事都不要做，只要唱歌、跳舞、玩耍，而如果愛自己發生、自發性地發生，你將會感到非常驚訝說生物現象讓你瞥見了靜心。不要擔心女人會變瘋狂，她必須變瘋狂，她的整個身體都處於一個完全不同的空間。她不能夠保持控制，如果她去控制它，她將會變成好像一具屍體。有千千萬萬的人在對屍體作愛。

我聽過一個關於克利奧佩特拉（Cleopatra)的故事，她是最美的女人。當她過世的時候，按照古代埃及的儀式，她的身體三天不能埋葬，她在那三天裏面被強姦，一具屍體居然被強姦！當我第一次聽到，我感到驚訝，那一種男人會強姦她？但是之後我覺得，或許那也並不很奇怪，所有的男人都將女人貶爲屍體，至少當他們在作愛的時候是如此。

當基督教的傳教士來到東方，他們很驚訝地知道，那些東方人只知道一個姿勢，男人在上面。因爲這樣的話，男人就有更多的可動性，而女人像屍體一般地躺在他下面。

男人在上面是非常不文明的，女人比較脆弱，爲什麼男人要選擇在上面呢？因爲這樣他們比較能夠控制女人，被禽獸壓在底下，美女一定會被控制住。女人甚至連眼睛都沒有打開，因爲那樣會變成好像妓女，而她的行爲必須保持像一個淑女，這個「男人在上面」的姿勢在東方被說成是傳教士的姿勢。

男人和女人之間關係的大革命正在興起，在文明國家裏，世界各地都有很多機構在發展，在那裡他們教你如何去愛，很不幸地，甚至動物都知道如何去愛，而人類居然還要被教，他們所教的內容，最基本的是作愛之前的挑情和作愛之後的愛撫，然後愛才會成爲一個神聖的經驗。

你應該放棄「對親密的害怕和在男人面前失去完全控制。」讓那個白痴去害怕，如果他要害怕的話，那是他的事，你必須對你自己眞實。就目前的情況，你是在對你自己說謊，你是在欺騙你自己，你是在摧毀你自己。

如果男人嚇呆了而光著身子跑出房間，那有什麼不好？把門關起來！讓所有鄰居都知道這個男人是瘋狂的，但你不需要控制你享受性高潮的可能性。

性高潮的經驗是一個溶入、融解、沒有自我、沒有思想、沒有時間的經驗。

這個或許會引發你去找尋一個方式：沒有男人、沒有任何伴侶，你也能夠丟棄思想、丟棄時間，而進入你自己性高潮的喜悅，我稱這個爲眞實的靜心……

不要擔心，去享受整個遊戲，抱著遊戲的心情來做它，如果一個男人嚇呆了，還有其他千千萬萬個男人，有一天你將會找到某一個瘋狂的人，他不會嚇呆！

摘自「剃刀邊緣」一書
一九八七年三月十日上午

第三章

男人的陰謀

問題：

爲什麼我很難看到我女性品質的價值？在我裏面仍然有某些東西在判斷說那些女性的品質是虛弱的，而且感覺到好像不能存活。

長久以來對女性品質的譴責已經深入女性的血液和骨頭裏。去證明男人比女人優越，那是男人的陰謀，男人並沒有比女人優越。

在內心深處，男人知道女人有某些他沒有的東西這個事實。第一個就是：

女人吸引他，她看起來很美，他愛上女人，女人幾乎變成他的耽迷，問題就是這樣升起的。每一個男人都感覺到他依靠女人，那個感覺使他以這樣的方式來反應：他試著把女人當成奴隸、當成心理上的奴隸來駕馭她，他同時害怕，因爲她很漂亮……她的漂亮並不只是對他而言，而是對所有跟她接觸的人而言都很漂亮，因此在自我主義者裏面，在男性主義者的頭腦裏面，就升起了很大的嫉妒。

他按照馬基維利建議給政客的方式來對待女人，馬基維利認爲婚姻也是政治，馬基維利建議說，最佳的防御就是攻擊，男人已經使用這個觀念有很多世紀了，在馬基維利認出這個在所有政治裡面的基本事實之前好幾個世紀，男人就已經在使用這個觀念。當你想支配別人，攻擊當然是最佳的防禦。在防禦當中，你已經失去了立足點，你已經接受你自己是挫敗的一方，你只是在保護你自己。

在印度有很多入侵者，他們人數不多，但是卻征服了這個廣大的國家，這塊廣大的土地幾乎是一個大陸，它本身就是一個世界，到了這個世紀末了的時候，世界上每四個人就有一個印度人，他佔了人類的四分之一。

在這個國家裏，有像馬露史姆里提這樣的宗教經典，它是五千年以前的經典，在這個經典裏面建議，如果你要家裏保持和平，偶而好好地把女人打一頓是絕對需要的，她必須幾乎被監禁起來，她就是這樣在生活。在不同的文化裏、不同的國家裏，她幾乎都是這樣在被監禁著，那是因爲男人想要證明他比較優越……記住，每當你想要證明什麼東西，那就意味著你不是那個東西。

眞正的優越感是不需要證明的，它不需要證據，不需要證人，也不需要爭辯，一個眞正的優越感馬上可以被任何人認出來，即使那個人只有很少的聰明才智也能夠認出來，眞正的優越感本身有它的磁力。

男人譴責女人，他們必須譴責女人，因爲這樣的話，女人才能夠納入男人的控制，他們幾乎將女人貶成次級人類，男人到底有怎麼樣的恐懼才會這樣做？因爲這簡直是偏執狂……男人繼續跟女人比較，然後發覺女人比較優越，比方說：在跟女人作愛的時候，男人非常差，因爲他一次只能有一個性高潮，而女人至少能夠有半打的性高潮，一連串的、多重的性高潮，男人只是覺得全然無助，他無法給女人那麼多性高潮。

這產生出世界上最不幸的事情之一：因爲他無法給女人一個多重的性高潮，所以他試著連第一個性高潮都不要給她，那個性高潮的滋味對他來講會產生危險，如果女人知道性高潮是什麼，她一定會覺知到一個性高潮不能夠滿足，相反地，她會變得飢渴，但是男人已經精疲力竭了，所以最狡猾的方法是不要讓女人知道世界上有任何像性高潮的東西存在。

直到這個世紀，我們才承認作愛的時候有某種性高潮的狀態，在東方或是在西方，沒有性的手冊或關於性的論文提到性高潮（orgasm）這個字，它似乎是一個陰謀。博蚩雅雅納—歷史上第一個描寫性能量，並且以科學方式來探討它的男人，他在五千年前寫下第一個關於性學的論文：卡馬經（kamasutras）—性的格言。

他從各個角度儘可能深入那個主題，連最小的細節都沒有忽略，他描述了作愛的八十四個姿勢，你已經無法再改進它了，你無法找出第八十五個姿勢，他已經做了很徹底的工作，但是甚至連博蚩雅雅納也沒有提到性高潮。

那簡直無法相信，一個探討性探討得那麼深的男人居然没有碰到性高潮這個事實。

不，我的感覺是：他在隱藏一個事實，而隱藏任何事實都是一項罪惡，因爲那意味著你允許那虛假的繼續，好像它就是眞理，而它不是關於化學或地理的一般事實，它是某種人類生活裏面最重要的事情。

這個性高潮的經驗不僅給你身體所能夠的最極致的歡樂，它同時給你一個洞見說這並不是全部，它打開了一扇門，它使你覺知到你一直都在不必要地向外尋找，而你眞正的寶藏是在内在。

靜心被那些有深刻性高潮經驗的人所發現，靜心是性高潮經驗的一項副産品，其他没有方法可以找到性高潮，性高潮很自然地將你帶進一個靜心的狀態：時間停止了，思想消失了，自我不復存在。你變成只是純粹的能量，所以你首度了解到你不是身體，你不是頭腦，你是某種超越這兩者的東西，你是一個意識的能量。

一旦你進入意識能量的領域，你就開始具有人生最美的經驗，最輕盈的、最多采多姿的、最富有詩意的、最具有創造性的。在一方面，就身體、頭腦、和世界而言，它們給你成就和滿足感；在另一方面，它們創造出一個巨大的、神聖的不滿足，因爲你所經驗到的是偉大的，然而，就是那個經驗使你確定，根本没有什麼原因，它就能夠使你確定，除此之外一定還有一個更偉大的經驗。

在你知道任何關於性高潮的事情之前，你從來没有夢想過它，現在你知道了它，這將成爲一個進一步追求的動機，是否有任何更甜美的、更喜樂的東西能夠傳遞給你？是否有任何比迷幻藥能夠傳遞給你的更神奇的經驗？

這個追尋將人們引導到靜心。

它是進入性高潮經驗一個簡單的洞見。

到底發生了什麼？時間停止了，思想停止了，那個「我」的感覺不復存在，只有「是」的感覺，它是純粹的、存在性的，但是没有自我去執著於它。我、我的——這些東西都被拋到九霄雲外，這給你一個靜心的線索，如果你能夠超越時間、超越頭腦，你將能夠單獨進入性高潮的空間——不要女人，也不要男人，講得更眞確一點，靜心是「非性的」性高潮。

但是好幾世紀以來，有一半以上的人類都不知道性高潮，因爲女人不知道性高潮，你也不應該認爲男人的情況會比較好。不給女人性高潮，他也必須喪失他自己的性高潮……所以，女人喪失了某種地球上非常美、非常神聖的東西，而男人也喪失了某些東西。

性高潮並不是女人強而有力的唯一東西。在世界上的每一個角落，女人都比男人多活五年，她的平均壽命比男人多五歲，那意味著她有更多的抵抗力、更多的體力，女人比男人更少生病，即使女人生病，她們也恢復得比男人快，這些都是科學的事實。

當一百個女孩出生，就有一百一十五個男孩出生，人們會懷疑，爲什麼要有一百一十五個男孩？但是大自然知道得更清楚，到了適婚年齡的時候，有十五個男孩會夭折，而只有一百個男孩和一百個女孩被留下來，女孩不太容易死……

女人比男人更少發瘋，事實上男人發瘋的數目是女人的兩倍，在所有這些事實被科學確立之後，那個相信男人更強壯的迷信仍然持續著，他只有一樣東西比較強壯，那就是他有一個富於肌肉的身體，在體力工作上他比較好，然而在其他每一點上，他都感覺到一個深深的自卑感，他這樣的感覺已經有很多世紀了。爲了要避免那個自卑感，唯一的方式就是強迫女人進入一個較差的地位，那就是男人唯一比較強而有力的東西：他能夠強迫女人，他比較殘忍，他比較暴力，他強迫女人接受說她是弱者——這種概念完全是虛假的，爲了要證明女人是弱者，他必須譴責所有女性的品質，他必須說它們都是弱的，而所有那些品質加起來使女人成爲弱者。

事實上，女人在她裡面具備了所有偉大的品質，每當一個男人悟道，他就達成了他一直在譴責的女人同樣的品質。那些被認爲是弱的都是女性的本質，而一個很奇怪的事實是：所有偉大的品質都屬於那個範疇，剩下的就只有野蠻的品質和動物的品質。

力量有很多層面，愛有它本身的力量，比方說將一個小孩子帶在子宮裏九個月需要力量、需要體力、需要愛，這是男人做不到的。

一個人造的子宮能夠放進男人裏面，現在最新的科技已經在研究是否能夠將一個塑膠的子宮放進男人裏面，但是我不相信它能夠存活九個月！他們將會兩個一起去跳海。

很難將生命給予另一個靈魂、將身體給予另一個靈魂、將頭腦和思想給予另一個靈魂。女人全心全意和孩子分享任何她所能夠給予的，即使在小孩子生下來之後，要將小孩子帶大也是不容易的，它似乎是世界上最困難的事情。

太空人和征服喜馬拉雅山的喜拉利……這些人應該先試著去帶小孩，唯有如此我們才能夠接受說他們去到埃弗勒斯峰是做了些什麼，否則那是沒有意義的，即使你登陸月球，並且在月球上走路，那也沒有什麼重要，它並沒有表示你比較強壯。

一個活生生的小孩，那麼地反覆無常，那麼地能量洋溢，他會在幾個小時之內就把你弄得很疲乏。在子宮裏面九個月，然後生下來之後有幾年的時間……只要嘗試一下讓一個小嬰孩在你的牀上一個晚上，那個晚上，在你的家裏，某件事將會發生：或者那個小孩會殺死你，或者你會殺死那個小孩，最可能的是你將會殺死那個小孩，因爲那個小孩是世界上最麻煩的。他們那麼有朝氣，他們想要做那麼多事，而你已經非常疲倦了，你想要睡覺，而小孩子還很清醒，他想要做各種事情，而他要你幫忙，要你發問……如果什麼事都行不通，那麼他就想要上洗手間！他會在深夜覺得口渴、覺得餓……

我不認為有任何男人能夠渡過懷孕期，或是能夠帶小孩，那是女人的力量，但那是一種不同的力量。有一種力量是破壞性的，而有另外一種力量是創造性的；有一種力量是屬於恨的，而有另外一種力量是屬於愛的。

愛、信任、美、眞誠、誠實、眞實，這些都是女性的品質，它們比任何男人所具有的品質都更偉大，但是整個過去都被男人和他的品質所支配，當然，在戰爭當中，愛是沒有用的，眞理是沒有用的，美是沒有用的，美學的敏感度是沒有用的，在戰爭當中，你需要一顆比石頭更堅硬的心，在戰爭當中，你只需要恨、憤怒、以及去破壞的瘋狂。

在三千年裏面，男人打了五千次仗，當然，這也是力量，但是那不值得人類所擁有，那是從我們的動物性遺留下來的力量，它屬於過去，而過去已經不復存在。女性的品質屬於未來，它正在來臨。

不需要因爲妳的女性品質而覺得你是弱者，你應該對存在感激，那些男人必須去掙得的東西，大自然卻作爲一項禮物給了妳。

男人必須學習如何去愛，男人必須學習如何讓心成爲主人，而讓頭腦成爲一個只是順從的僕人，男人必須去學習這些東西，而女人天生就具備了這些東西，但是我們將所有這些事情都譴責成虛弱的，即使你把一個女人當成偉人，你也能夠看到你以什麼標準來選擇，其實你是在選擇一個男人，因爲你選擇了那個女人裏面的男人品質。

比方說，亞克的瓊安（Joan of Arc），她具備了所有男人的品質；比方說，印度的韓西皇后，她具備了所有男人的品質，她能夠操劍，她能夠毫無問題地殺人，這樣的女人在歷史上被選出來，而歷史學家還賦予她們很大的尊敬，但是她們並不代表女人，事實上，那就是爲什麼她們被選出來的原因，因爲她們是男人的複本。

女性解放運動必須學習一樣基本的東西，那就是：不要模仿男人，不要聽男人所說的關於女性人格的事，放棄一切男人一直在灌輸給妳的概念。

同時放棄女性解放運動的概念，因爲她們也是將一些無意義的東西灌輸給你，她們不合理的地方在於，她們試著要去證明男人和女人平等，然而他們並不平等，當我說他們不平等，我並不是意味著說誰比較優越，誰比較低劣，我的意思是說他們都是獨一無二的。

女人就是女人，男人就是男人，没有比較的問題，說他們平等是離譜的，他們不是不平等的，而他們也不可能平等，他們是獨一無二的。

快快樂樂地處於你的女性品質當中，從你的女性品質創造出詩歌，那是你從大自然得到的偉大繼承，不要將它拋棄，因爲男人没有那些品質。

我喜歡整個世界都充滿女性的品質，唯有如此，戰爭才能夠消失，唯有如此，婚姻才能夠消失，唯有如此，國家才能夠消失，唯有如此，才能夠有一個大同世界，一個具有愛心的、和平的、寧靜的、美麗的世界。

所以，拋棄一切男人所給妳的制約，找出妳自己的品質，然後去發展它們，不要模仿男人，男人也不要模仿妳，在你們之間不需要有任何衝突，因爲你們都是男人和女人同時合在一起。

不要製造衝突，我的整個工作就是在指引你們如何創造出一個你們所有品質都融合在一起的管弦樂團，我的整個工作就是要指引你們這條路，那將會使你成爲一個完整的人。

摘自「對石頭講道」一書
第十七章，一九八七年

第四章

你的大男人主義態度在傷害你

問題：

我眞恨女人，爲什麼你把女人放在道的途徑上？

女人是男人所造就出來的，那是一個惡性循環，女人具有跟任何男人一樣多的智力，因爲智力跟性荷爾蒙無關，你以爲如果你動手術將愛因斯坦變成一個女人，他就會喪失他的聰明才智嗎？他一定還會保持是一個愛因斯坦，但是具有女人的身體，不同的只是身體，而不是意識或智力。

但是，很不幸地，男人決定去壓抑女人。

多少世紀以來，歷史學家一直不了解，爲什麼它必須以這樣的方式來發生？但是最近的心理學研究使它變得很清楚，它之所以發生是因爲男人與女人比較而感覺到一種深深的自卑感。

那個感覺的根本原因來自女人有變成母親的能力，她是生命的泉源，她創造生命，而男人不能夠，這變成去切斷所有女人翅膀的原因，切斷她們的自由和受教育的機會，將她監禁在一個類似監獄的家，將她貶爲生孩子的機器，好讓男人能夠忘掉他是比較低劣的，女人必須被弄成比較低劣，這樣男人才會感覺比較舒服，這樣他的自我才能夠感覺根本沒有在跟女人競爭。

所有女人的抱怨和怨恨的原因並非在於女人本身，好幾千年以來，你們都一直在折磨她。

世界上沒有一個社會接受她跟男人平等。

在過去，沒有一個文化給女人跟給男人同樣的尊敬，相反地，他們都試著去強迫她成爲一個次等人。

而爲什麼女人沒有反抗這一類事情的原因很簡單：它還是那個母性的問題，當她懷孕的那九個月裏面，她變得完全依靠，尤其是在一個打獵的社會裏。另外，我要你們記住，你們目前所生活的社會，這個有房子、有城市的社會，是女人的貢獻，而不是男人的貢獻，房子是女人的貢獻。

男人在打獵，而女人被限制在一個小小的空間，很自然地，她就開始裝飾它、清理它，使它變得更漂亮，變得更適合居住，然後她就變得執著。在一個打獵的社會裏，遊牧民族必須一直遷徙……因爲當打獵無法給予他們足夠的食物，他們必須遷到有動物的地方，他們不能夠有永久的城市，他們只能夠有帳蓬，而不是家。

你可以看到：當一個人單獨生活，他的家幾乎就像一個帳蓬，而不像一個家。沒有女人的話，它仍然保持是一個帳蓬、一個暫時的地方，只是一個庇護所，而不是什麼神聖的，當女人進入，帳蓬就開始變成房子，而最後變成一個家。

在打獵的社會，女人的功能只不過是繁殖，她一直在懷孕，這變成她的失敗，她不能夠打仗，她不能夠反對，她必須順從，她必須屈服，當然她是不願意的，沒有人願意成爲一個奴隸。

當某人甘心成爲一個奴隸，那就沒有問題，但是成千上億的女人很不甘心地被強迫成爲奴隸，很自然地，她們會試著以間接的方式來報復……

你的大男人主義態度在傷害你。

那只是一個無意識的反應，你必須注意觀察那個反應，好讓它能夠消失。它使你失去尊嚴，它顯示出某種關於你的東西，而不是關於女人的東西。那是你的憤怒，那是你的恨，如果你注意看歷史……

在很多村子裡，女人不能夠進入廟宇，在某些宗教裡，她能夠進入，但是她有一個分開的角落，跟男人的不一樣。在所有的宗教裡，女人不能被接受當成意識最終成長的候選人，她不配，並非有其他原因，只是因爲她是一個女人，她的罪惡就是她是一個女人，她能夠發展，但是她必須先滿足一個條件：她必須先被生成一個男人……

有很多微妙的貶低方式被用來切斷女人進身到權力世界之路，切斷女人進入每一件事都在發生的世界，女人不是它的一部份。她不是你戰爭的一部份，她不是你商業的一部份，她不是你宗教的一部份。社會是男人所建立的，女人生活在一個不是爲她們建立的社會裡，一個不是由她們建立的社會裡。社會根本就沒有考慮到她們。

你對女人的憤怒是值得加以了解的，或許它眞正的內涵是你對你自己的憤怒，是你對男人的憤怒，是你對「男人對女人做了什麼」的憤怒。

女人一直都是犧牲品，你不能夠對她們生氣。

在家裡，先生是犧牲品，我們毫無疑問可以說，每一位先生都是怕太太的。事實上，每一位聰明的先生都必須如此，只有一些白痴或許不是如此，但這是幾千年來男人對女人所作所爲必須付出的代價。

如果你想要免於你對女人的憤怒，你將必須經歷過一個非常深的內在洗滌，然後去了解女人是犧牲品，因爲她是犧牲品，而沒有有效的方式可以抗拒或抗爭，所以她找到間接的方式：嘮叨、尖叫、或發脾氣，這些只是無助的努力。很自然地，她對整個人類的盛怒就集中在一個男人身上，集中在她先生身上。

女人的自由也將會是男人的自由。當女人被接受成平等、被給予平等的機會成長的那一天來臨時，男人將會發現他突然免於女人一貫的抱怨和憎恨。時候已經到了，男人必須達到某種成熟。

我們可以一起來創造出一個世界，在那個世界裡，男人和女人能夠分享他們的洞見、他們的看法、他們的夢想。因爲他們是不同的，所以他們的夢想也是不同的，而他們對社會的貢獻也將會有所不同。如果男人和女人平等參與的社會能夠被創造出來，那將是世界上第一次最豐富的社會。

本文摘自「對石頭講道」一書
第五章，一九八七年

第五章

沒有人要被使用

問題：

既然女人憤恨男人的性慾，爲什麼女人喜歡成爲對男人具有吸引力？

在這裡面有一個政治性的策略，女人喜歡成爲具有吸引力，因爲那會給予權力，她們越有吸引力，就對男人越有權力，誰不想成爲有權力的？人們終其一生都在奮鬥要成爲有權力的。

爲什麼你要欲求金錢？它將會帶來權力。爲什麼你想要成爲一國的首相或總統？它將會帶來權力。爲什麼你想要成爲一個聖人？因爲它帶來權力。人們以不同的方式在尋求權力。你們没有留給女人任何其他泉源去成爲有權力的，只有一個管道：她們的身體。那就是爲什麼她們一直有興趣於成爲越來越具有吸引力。

你没有注意過嗎？現代的女人比較没有那麼關心説要成爲具有吸引力的？爲什麼呢？因爲她正在進入其他種權力策略。現代的女人正在脱離舊有的枷鎖。她會在大學裡面跟男人競爭學位，她會在市場上跟男人競爭，她會在政治上跟男人競爭，她不需要過份擔心要看起來很有吸引力。

男人從來不會過份操心説要看起來具有吸引力，爲什麼呢？那種事已經完全留給女人。對女人而言，那種事是得到某些權力唯一的泉源，然而，對男人來講，要得到權力有很多其他的管道，而看起來具有吸引力，這似乎是有一點女人味的、娘娘腔的。那是女人的事。

事情並非總是如此，在過去有一段時間，女人跟男人一樣自由，那個時候，男人跟女人一樣，都有興趣於成爲具有吸引力的。注意看克里虛納的照片——他穿著漂亮的絲質長袍，拿著一根笛子，戴著各種飾物、耳環，戴著一個由孔雀羽毛做成的漂亮皇冠。注意看他，他看起來多麼美！在那個時代，男人和女人都完全自由而能夠做任何他們想做的，然後進入一個非常漫長的，女人被壓抑的時期。

它之所以發生是因爲教士以及你們所謂聖人的緣故，你們的聖人一直都害怕女人，因爲女人似乎是那麼強而有力而能夠在幾分鐘之內摧毀聖人的神聖屬性……就是因爲你們那些聖人的緣故，所以女人才被譴責。因爲他們害怕女人，所以女人必須被壓抑，而因爲女人被壓抑，所以，所有在生活裡面競爭的泉源、在生活裡面流動的泉源，都被奪走，只有一樣東西被留下來，那就是她們的身體。

誰不想成爲有權力的？除非你了解權力只能夠帶來痛苦，權力是破壞性的、暴力的，除非能夠透過了解而使你的權力慾望消失，否則誰不喜歡成爲有權力的？

唯有當女人能夠繼續好像一條紅蘿蔔一樣地吊在你的面前——總是在那裡，

但永遠都得不到，非常近，但同時又是非常遠——唯有如此，她們才能夠保持有權力；唯有如此，她才有權力。如果她立刻投入你的懷抱，那麼那個權力就消失了，而一旦你剝削了她的性，一旦你使用了她，她就完了，她對你就沒有權力，所以她吸引你，同時保持冷漠。她吸引你、激起你、引誘你，而當你接近她，她就說不！

這是一個簡單的邏輯，如果她說是，你就將她貶爲一個機械裝置，你使用她，而沒有人要被使用，那是同一個權力策略的另一面。權力意味著去使用別人的能力，當某人使用你，你的權力就消失了，你就被貶爲沒有權力。

所以，沒有女人要被使用，多少年代以來，你們一直都這樣在做。因此，愛變成一件醜陋的事情，它本來應該是偉大的榮耀，但是它卻不然，因爲男人一直在使用女人，而女人很自然地憤恨它、抗拒它。她不想被貶爲一件商品。

那就是爲什麼你將會看到先生們在太太的周圍搖擺著尾巴，而他們的太太對這整個荒謬的事情採取高高在上的態度：比你更神聖。太太們繼續在假裝說她們對性，對醜陋的性沒有興趣。其實她們跟你一樣地有興趣，但是問題在於，他們不能夠顯示出她們的興趣，否則你立刻會將她們貶爲沒有權力的，你會開始使用她們。

所以她們興趣於每一樣其他的東西，興趣於對你非常有吸引力，然後再拒絕你。那就是權力的喜悅：拉著你，你幾乎好像被繩子拉著，然後她對你說不，把你貶成完全沒有權力。你搖擺著尾巴，好像一隻狗，而女人在高興。這是一種醜陋的狀態，它不應該如此，這是一種醜陋的狀態，因爲愛被貶成權力策略，這種情況必須被改變。

我們必須創造出一個新人類和一個新世界，在那個新世界裡面，愛將根本不是一個權力的問題。至少要把愛從權力策略帶走。將金錢、政治，以及每一樣東西都留在那裡，但是要將愛帶走。愛是某種非常有價值的東西，不要使它變成市場上的一件物品，但是目前的情形卻是這樣。

女人試著以每一種方式來成爲漂亮的，至少看起來漂亮，一旦你陷入她的誘惑，她就開始逃離你，因爲那就是整個遊戲。如果你開始逃離她，她就會來接近你，她就會開始跟隨你。當你開始跟隨她的時候，她就開始逃開，這就是你們的遊戲！這不是愛，這是沒有人性的，但是多少世紀以來，它就是這樣在發生，它一直都是這樣在發生，要小心它！

至少在我的社區裡，這種事必須消失，每一個人都有很高的尊嚴，沒有人能夠被貶成一件商品或是一樣東西。尊敬男人，也尊敬女人，他們都是神聖的。

忘掉舊有的觀念說是男人在對女人作愛，那是很愚蠢的，它使事情變成好像男人是一個「做者」，而女人只是某種男人對她做的東西。即使在語言裡面也是男人在作愛，男人是主動的參與者，而女人只是在那裡，是一個被動的接受者，這是不眞實的，兩個人都在跟對方作愛，兩個人都是做者，兩個人都是參與者，女人以她自己的方式參與。接受就是她參與的方式，但是它跟男人的參與是一樣多的。

不要認爲只有你在對女人做些什麼，她也是在對你做些什麼，你們雙方都互相在做一些非常有價值的事，你們都把你們自己奉獻給對方，你們互相在分享你們的能量，你們兩者都在愛之廟裡面奉獻你們自己、在愛神之廟裡面奉獻你們自己，是愛神在佔有你們兩者，那是一個非常神聖的片刻，你走在神聖的道路上……雙方的能量交流之後，將會有一個完全不同的品質存在你們的行爲裡面。

成爲很美（眞實的美！）是好的，看起來很美（造作的美！）是醜的。成爲具有吸引力是好的，但是去駕馭自己使成爲具有吸引力，那是醜的。那個駕馭就是狡猾。人們自然就很美，不需要任何化粧品，所有的化裝品都是醜的，它使你變得越來越醜。美存在於簡單、天眞、自然、自發性之中。當你是美的，不要使用那個美作爲達到權力的手段—那是在糟蹋它，那是褻瀆聖物的。

美是神的禮物，但是不要以任何爲了要駕馭別人或佔有別人的方式來使用它，那麼你的愛將會變成一個祈禱，你的美將會變成一個對神的奉獻。

摘自「常年哲學」一書
第二卷、第四章，一九八一

第六章

沒有自由，愛就會死掉

問題：

可不可能結婚，而同時保持自由？

那很難，但並非不可能，需要有一些了解。

必須認識幾個基本的眞理。第一個就是：沒有人是爲另外一個人而生下來的。第二個：沒有人在此是要去滿足你認爲他應該如何的理想。第三個：你是你自己的愛的主人，你想要給多少，你就給多少，但是你不能夠向別人要求愛，因爲沒有人是奴隸。如果這些簡單的事實能夠被了解，那麼不管你有沒有結婚都沒有關係，你們可以在一起—互相把空間讓給對方，永遠不要干涉對方的個體性。

事實上，結婚是一個不合乎時代的制度（過時了！）。首先，生活在任何制度之下就是不好的，任何制度都是有害的，婚姻已經破壞了億萬人絕大部份快樂的可能性，它都是在爲一些沒有用的事情。首先，婚姻—那個結婚儀式—是假的。

如果你不要把婚姻看成是一件嚴肅的事，那麼你就能夠自由，如果你將它看得很嚴肅，那麼就不可能自由。只要把婚姻當成一個遊戲，它是一個遊戲。用一點幽默感，它是你在人生舞台上扮演的一個角色，但它不是某種屬於存在，或是有任何實質的東西，它是一個虛構之物，但是人們是那麼愚蠢，他們甚至開始把虛構之物看成眞實的存在。

我看過有人在看小說的時候流淚，因爲小說的情節很悲慘。電影院的設計非常好，他們將燈光熄掉，所以每一個人都可以享受電影，可以哭，可以笑，可以悲傷，也可以快樂。如果有燈光的話，它一定會比較困難──別人會怎麼想？而他們都知道得很清楚，銀幕是空的，裡面沒有人，它只是一個投射的畫面，但是他們完全將它忘掉。同樣的情形也發生在我們的生活裡面，有很多要以幽默來看待的東西，我們卻把它看得那麼嚴肅，因此我們的困難就從那個嚴肅開始。

婚姻並不是某種發生在天堂的事，它是透過善用伎倆的教士而發生在這裡的事，但是如果你想要加入這個社會的遊戲，而不想跟社會疏離而單獨存在，那麼你就要很清楚地告訴你太太或你先生說：這個婚姻只是一個遊戲，永遠不要以嚴肅的心情來看它，我將會保持跟結婚以前一樣地獨立，而你也將保持跟你結婚以前一樣地獨立，我不干涉你的生活，你也不干涉我的生活，我們就像兩個朋友一樣地生活在一起，分享我們的喜悅，分享我們的自由，但是不要變成對方的一個負擔。

在任何時候，當我們覺得春天已經過去，蜜月已經結束，我們將會很眞誠地，不要僞裝，互相告訴對方說，我們曾經很愛對方，而我們將永遠保持感激對方，將來那些愛的日子將會在我們的記憶中、在我們的夢中，金光閃閃地出現，但是春天已經結束了。我們的旅途已經來到一個點，雖然它是傷心的，但是我們必須分開，因爲現在生活在一起已經不是一個愛的現象了，如果我愛你，當我看到我的愛對你來講已經變成一個痛苦，我就離開你；如果你愛我，當你看到你的愛對我來講已經創造出一個禁錮，你就離開我。

愛是生命裡面最高的價值，它不應該被貶爲愚蠢的儀式。

愛和自由是一起存在的，你無法選擇其中之一而留下另一個。一個知道自由的人充滿了愛，而一個知道愛的人總是願意給予自由，如果你不能夠把自由給你的愛人，那麼，你要把自由給誰呢？給予自由只不過是信任。

自由是一種愛的表達。

所以，不論你是否結婚，你都要記住：所有的婚姻都是假的，只是社會的方便。事實上，它們的目的並不是要禁錮你，或是把你們兩個人綁在一起，它們的目的是要跟對方一起成長，但是成長需要自由，在過去，所有的文化都忘記說沒有自由，愛就會死掉。

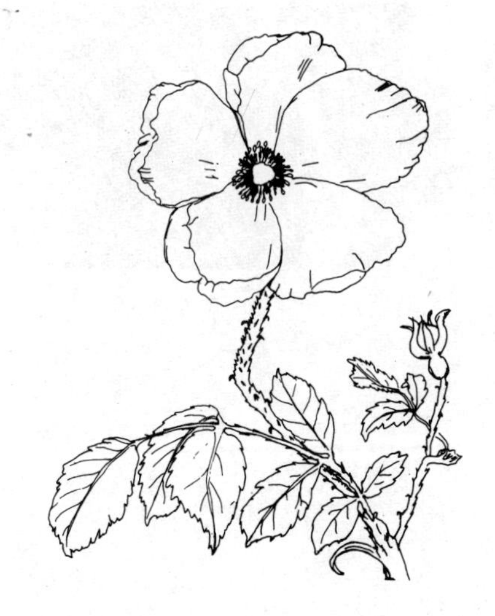

摘自「叛逆的靈魂」一書
第八節（摘錄），一九八七

第七章

只有東西能夠被佔有

問題：

請你談論關於成爲一個母親。

成爲一個母親是世界上最大的責任之一。所以有很多人必須接受心理治療，有很多人已經進入瘋人院，另外還有很多沒有進入瘋人院的瘋子。如果你深入人類的神經病，你總是會找到母親，因爲有很多女人想要成爲母親，但是她們不知道要如何成爲母親，一旦小孩子跟母親之間的關係搞錯了，小孩子的整個人生就搞錯了，因爲那是他跟世界的第一個接觸，那是他的第一個關係，其他每一件事都跟它有關連。如果第一步搞錯了，整個人生就搞錯了。

一個人應該有知地成爲一個母親，因爲你是在承擔一個人所能夠承擔的最偉大的責任之一。就這一方面而言，男人比較自由一點，因爲他們不必承擔成爲一個母親的責任，女人有更多的責任，所以，變成一個母親，但是不要以爲成爲一個女人就理所當然地必然會成爲一個母親，那是一個謬誤。母性是一項偉大的藝術，你必須去學習它，所以，就開始學習吧！

我想告訴你們幾件事。首先，永遠不要把小孩看成是你的，永遠不要佔有小孩。小孩子是透過你而來的，但他不是你的，神只是使用你當成一個工具、一個媒介，但是小孩子並不是你的佔有物。愛他，但是永遠不要佔有他。如果母親開始佔有小孩子，那麼他的人生就被摧毀了，小孩子就開始變成一個囚犯。這樣做你是在摧毀他的人格，你是在將他貶成一樣東西。只有東西能夠被佔有：一間房子能夠被佔有，一輛車子能夠被佔有，但是一個人從來不能夠被佔有。所以，這是第一課，要準備好這麼做。在小孩子出生之前，你應該能夠以他是一個獨立的人來歡迎他，以他本身就是一個人來歡迎他，而不只是把他當作你的小孩。

第二件事：對待小孩要像對待成人一樣。

永遠不要把小孩子看成小孩子來對待他。要以深深的尊重來對待小孩子。神選擇你成爲一個主人，神以一個客人進入你的存在(being)。小孩子非常脆弱、無助，很難去尊重小孩子，很容易去羞辱小孩子，很容易就會產生羞辱，因爲小孩子是無助的，他不能夠怎麼樣，他不能夠報復，他不能夠頂撞。

像成人一樣地對待小孩，要非常尊重他，一旦你尊重小孩，你就不要試著去將你的概念強加在小孩子身上，不要試著去強加任何東西在小孩子身上，你只是給他自由，去探索這個世界的自由，你幫助他在探索世界當中變得越來越有力量，但是永遠不要給他方向。你給他能量，給他保護，給他安全，給他任何他所需要的，但是幫助他遠離你去探索世界。

當然，在自由當中，錯誤也包括在內。母親很難去學習說，當你給予小孩子自由，它不只是去做好的自由，它也必然是去做不好的自由、去做錯的自由。

所以，要使小孩子變警覺、變聰明，但是永遠不要給他任何戒律，沒有人在遵守戒律，人們因爲那些戒律而變成僞君子。所以，如果你眞正愛小孩子，有一件事必須記住：永遠、永遠都不要以任何方式來幫助他、來強迫他成爲一個僞君子。

第三件事：不要聽命於道德，不要聽命於宗教，不要聽命於文化，要聽命於本性、聽命於自然。

任何自然的東西都是好的，即使有時候對你來講很困難，很不舒服……因爲你並不是按照自然而被帶大的。你的父母並不是以眞正的藝術和眞正的愛把你帶大的，那只是一件偶然的事情，不要重覆同樣的錯誤。在很多情況下你會覺得不安……

比方説，一個小孩子開始玩他的性器，母親自然的傾向就是去阻止小孩子，因爲她以前被教説那是錯的，即使她覺得那沒有什麼不對，如果有人在那裡，她也會覺得有些尷尬。覺得尷尬！那是你的問題，那跟小孩子無關。讓它覺得尷尬沒有關係，如果你會因此而喪失社會對你的尊敬，那麼就讓它喪失，但是永遠不要去干涉小孩子，讓自然走它自己的路線，自然怎麼開展，你就去順應它，不要由你來引導自然，你只要在那裡作爲一個幫助。

所以，這三件事……然後開始靜心，在小孩子出生之前，你應該儘可能地深入靜心。

當小孩子在你的子宮裡，任何你在做的事都會繼續以一個震動傳達給小孩子。如果你生氣，你的胃就會有一個憤怒的緊張，小孩子會立刻感覺到它，當你是悲傷的，你的胃就有悲傷的氣氛，小孩子就會立刻感覺到無趣和沮喪，小孩子完全依靠你。你的任何心情就是小孩子的心情，在那個時候，小孩子是不獨立的，你的氣氛就是他的氣氛。所以，不要再抗爭，不要再生氣，那就是爲什麼我說成爲一個母親是一項偉大的責任，你將必須犧牲很多……

如果在最開始的時候，憤怒、恨、衝突進入小孩子的頭腦，那麼你就是在爲他製造地獄，他將會受苦，那麼最好不要把小孩子生到這個世界來，爲什麼要將一個小孩子帶進痛苦呢？世界是一個極度的受苦。

一開始，將一個小孩子帶進這個世界就是一項非常危險的事，但是即使你想要這樣做，至少也要將一個完全不同的小孩帶進這個世界，將一個不會痛苦，而至少會幫助世界成爲更快樂的小孩帶進這個世界。他會將更多的歡樂帶進這個世界，將更多的歡笑、愛、和生命帶進這個世界。

摘自「神是非賣品」
第四十八至五十三頁，一九七八

第八章

愛就像一隻飛翔的小鳥

問題：**在我人生六十三年的歲月當中，你是第一個使我獨立的愛的關係，這是怎麼發生的？**

愛帶來自由，一個不帶來自由的愛並不是愛。

愛不是支配，你怎麼能夠支配某個你所愛的人？你怎麼能夠使他依靠，而仍然可以愛？但那就是以愛的名義在世界上一直繼續在發生的，權力的慾望和支配別人的慾望常常被合理化解釋成愛，在這種情況下，獨立自然不被允許，你會做各種努力使別人成爲你的複本，你害怕別人自由，因爲自由是不能夠控制的，自由是不能夠預測的，所以，一切所謂的愛都試著以每一個方式去摧毀自由，而自由被摧毀的那個片刻，愛就死了。

愛非常脆弱，它就好像一朵玫瑰花，你必須讓它在雨中、在風中、在陽光下歡舞。

愛就好像一隻飛翔的小鳥，整個天空都是牠的自由，你可以抓住小鳥，你可以將牠放在一個漂亮的黃金籠子裡，牠跟自由飛翔而將整個天空据爲己有的那隻小鳥似乎是一樣的，然而，牠只是看起來一樣，其實不然，你已經殺死了牠，你已經切斷了它的翅膀，你已經帶走了牠的天空，小鳥並不稀罕你的黃金，不論你的籠子多麼寶貴，它都是監禁。

我們對於我們的愛就是這樣在做：我們創造出黃金籠子。我們害怕，因爲天空是廣濶的；害怕的是，小鳥或許不會回來。要使牠保持在你控制之下，它必須被監禁，愛就是以這種方式變成婚姻。愛是一隻飛翔的小鳥，婚姻是一隻在黃金籠子裡的小鳥。當然，那隻小鳥將永遠無法原諒你，你已經摧毀了牠所有的美、所有的歡樂、所有的自由，你已經摧毀了牠的靈魂，牠只是一個死的複製品，但是你使一件事變得確定：牠無法逃離你，牠將會一直都是你的，明天牠也將會是你的，後天……

愛人總是害怕，那個害怕是因爲愛就像微風一樣地來臨，你無法生產它，它不是某種被製造出來的東西，它是自然來臨的，但是任何自己來臨的東西也能夠自己走，那是一個自然的推論。愛來臨，花朵在你裡面開放，歌曲在你們的心裡升起，一個想去歡舞的慾望升起……但是帶著一個隱藏的害怕。如果這陣來到你身上的清涼而芬芳的微風明天離開你，要怎麼辦？……因爲你不是存在的界限。微風只是一個客人，它覺得要在你這裡停留多久就停留多久，而它隨時都可以走。

這會造成人們的恐懼，然後他們就變成想要佔有，他們開始關起他們的門窗，使微風保存在裡面，但是當你的門窗被關起來，它就不是同樣的微風。它的清涼就喪失了，它的芬芳就喪失了，很快地，它就會變成令人厭惡的。它需要自由，而你已經帶走了自由，它只剩下一具屍體。

人們以愛的名義攜帶著對方的屍體，他們稱這個爲婚姻。要攜帶屍體，你們必須到市政府去登記，使它成爲一個合法的束縛。愛不能夠允許婚姻。在一個眞實的世界裡，婚姻是不可能的。

一個人應該愛，強烈地愛、充分地愛，而不要擔心明天。如果存在今天是那麼喜樂，你要信任，明天存在將會更美、更喜樂，當你的信任成長，存在對你將會變得越來越大方，有更多的愛將會降臨到你身上，有更多喜悅和狂喜的花朵將會灑在你身上。

在你六十三年的人生裡，任何你所知道的愛都不是愛，它或許是迷戀，或許是生物上的吸引，或許是荷爾蒙的陰謀來反對兩個個體，但那不是愛。現在你第一次知道愛……因爲這是唯一的準則：你的自由成長得越深，你的獨立就變得越堅實、越完整、越結晶。這是愛來到你身上、愛成爲你心中的客人唯一的準則。

誰去管明天的事？那些關心明天的人就是那些沒有今天的人，就是現在悲慘而試著去隱藏它，試著在對明天的希望、慾望、和夢想當中隱藏它的人，但是明天永遠不會來臨。這是困難之一：來臨的總是今天，你已經習慣於今天的悲慘，而在希望、夢想、和欲求明天。你錯過了生命。人們已經變得很習慣於明天，以至於他們不只是思考這一世的明天，他們同時在思考來生。

人們常常問我：「死後將會如何？」我回答他們：「在死亡之前所發生的，死後將會繼續。你今天很喜樂嗎？因爲明天將會由今天生出來，今天孕育著你的整個未來。」

強烈地愛、高高興興地愛、全然地愛，那麼你將永遠不會想到要創造出一個枷鎖、一個合約，你將永遠不會想到要使人變得依靠。如果你愛，你就不會那麼殘忍地去摧毀別人的自由。你將會幫助他，你將會使他的天空變得更大。

愛只有一個準則：它給予自由，而且是無條件地給予。

你第一次經驗到愛，但還不會太晚，雖然你已經六十三歲了。愛使老年變成年輕，如果你能夠愛到你的最後一口氣，你將會保持年輕，愛不知道老年，愛不知道死亡，如果你能夠繼續愛，你的愛將會持續到死後，愛是人生裡面最寶貴的經驗。

摘自「金色的未來」一書

一九八七年五月二十日上午

第九章

你已經活過很多次

問題：

在西方社會裡，至少年輕被認爲就是一切，但是這樣的結果是：當一個人離開年輕，生日就不再是一個慶祝的原因，而是人生一個尷尬和不可避免的事實。去問某人年紀變得不禮貌。灰色的頭髮被染黑，牙齒被換成假牙，下垂的胸部和臉部必須被撐起，腰圍要被繫緊，腫脹的靜脈要被撐起，但是這些都在暗中進行。如果某人告訴你：你看起來和你的年紀差不多，你一定不會認爲那是一種稱讚。是否能夠請你談論關於一個人的變老？

西方的頭腦被一個觀念所制約，他們認爲只有這一生—七十年；青春將永遠不會再來。在西方，春天只來一次，因此，很自然地，就有一個慾望升起，要儘可能抓住青春，要以每一個可能的方式來假裝說你仍然年輕……

但是在東方，人們的觀念並不是說人生只有短短的七十年，而在這個七十年裡面，青春只來一次；人們的觀念是：就好像在存在裡面每一樣東西都永遠在移動，夏季來臨，然後下雨，冬季來臨，然後夏季又會再度來臨……每一樣東西都像輪子一樣在移動，生命也不例外。

死亡是一個輪子的終點，也是另外一個輪子的起點。你將會再度成爲一個小孩子，你將會再度成爲一個少女，然後，你將會再度變老。打從一開始，它就是如此，而且它一直都會如此，直到最後……直到你成道而能夠跳出這個惡性循環，能夠進入一個完全不同的法則：你能夠從個體性跳進「那宇宙的」。

所以，有一件事：由於只有一個單一人生的概念，西方變成過度顧慮到要保持年輕，然後他們用盡各種方法來儘可能保持年輕，來延長那個過程，那會產生虛飾，那會摧毀眞實的成長，那會阻止你在老年的時候變得眞正聰明，因爲你恨老年……因爲老年只是提醒你死亡，其他沒有，因爲老年意味著全然的停止已經爲期不遠，你已經來到了終點，只要再吹一聲笛子，火車就會停止。

人們試著去保持年輕，但是他們不知道那個害怕失去青春會阻止他們去全然地經歷人生。

第二，那個害怕失去青春會阻止你以感激的心情來接受老年。你會失去青春，失去它的喜悅、它的熱情，而你同時會失去老年所帶來的慈悲、平和、和智慧，這整個事情之所以會如此都是因爲基於一個虛假的生命觀念。

除非西方改變「只有一生」的觀念，否則這個虛飾（故意裝年輕）、這個執着、和這個害怕是無法改變的。事實上，生命並非只有一世，你已經活過很多次，而你將會再活很多次，因此，儘可能全然地去經驗每一個片刻，不需要匆忙地跳到下一個片刻。時間不是金錢，它是用不完的，窮人跟富人一樣，隨時可以取用它，就時間而言，富有的人並沒有比較富有，而窮人也沒有比較窮。

生命是一個永恆的具身（Incarnation：人死後會再投胎轉世）。

表面上所顯示出來的東西深深地植根於西方的宗教。他們很吝嗇地只有給你七十年，而如果你試著去計算它，幾乎有三分之一的時間會浪費在睡覺上，另有三分之一會浪費在賺取食物、衣服、和房子，不管剩下來的多麼少，它必須用在教育、足球賽、電影、愚蠢的吵架、和抗爭上面。在七十年的歲月裡，如果你能夠爲你自己省下七分鐘的時間，我就把你看成一個聰明的人，但是即使在你的整個人生裡要節省下七分鐘的時間都很困難，這樣你怎樣能夠找到你自己？你怎麼能夠找到你本性的奧秘、你生命的奧秘？你怎麼能夠了解死亡並不是一個結束？

因爲你錯過了經驗生命本身，你也將會錯過死亡的偉大經驗，否則死亡並沒有什麼好害怕的，它是一個很美的睡覺，一個沒有夢的睡覺，你需要這個睡覺來進入另外一個身體—寧靜地、安詳地。它是一個外科手術的現象，它就好像痲醉。死亡是一個朋友，而不是一個敵人，一旦你了解死亡，把它當成一個朋友，而開始沒有任何恐懼地去過生活，它只是一個很短的七十年……

如果你的觀點向你永恆的生命打開，那麼每一件事情都將會慢下來，那麼就不需要太快，在每一件事上面，人們都在趕忙。我看到人們提著他們的公事包，將東西塞進去，吻了他們的太太—沒有看她是不是他們的太太，或是其他某人；跟他們的小孩子說「再見」……這並不是生活的方式，而你用這種速度是要走到那裡？

速度已經變得比目的地來得更重要，速度已經變得更重要，因爲生命是那麼短，而你必須去做那麼多事情，除非你用很快的速度來做它們，否則你將無法操作。你甚至無法靜靜地坐下來幾分鐘，它似乎是一種浪費。在那幾分鐘裡面，你或許已經賺進了幾塊錢。試著去浪費時間，閉起你的眼睛……在你裡面有什麼？……

西方沒有神祕主義的傳統，它是外向的，是向外看的，外界有那麼多可以看，但是它並沒有覺知到說內在並非只有骨頭，在骨頭裡面還有更多的東西，那就是你的意識。藉著閉起你的眼睛，你將不會碰到骨頭，你將會碰到你生命的泉源。

西方需要對它自己生命的泉源有一個深深的認識，那麼就不會有匆忙。當生命帶給你青春，你將會去享受它；而當生命帶給你老年，你也將會去享受它；當生命帶給你死亡，你也將會去享受它。一個人只知道一件事：如何去享受他所碰到的每一件事，如何將它轉變成一個慶祝。

將每一件事轉變成一個慶祝、轉變成一首歌、轉變成一個歡舞的藝術，我稱它爲眞正的宗教。

摘自「金色的未來」一書
一九八七年五月十九日上午

第十章

恐懼和誘惑一起存在

問題：

你認爲教士和先知們對女人的態度如何？

這些人，這些被認爲是上帝傳信者的人，這些一直在教導慈悲和愛的人，他們從來不認爲女人也是人。

他們是從女人生出來的，而他們都表現出對女性令人作嘔的不尊敬，原因非常清楚，原因就是：他們害怕女人。這是一個心理學的眞理：你害怕，但是你同時被吸引。恐懼和誘惑是一起存在的，事實上，恐懼是誘惑的副產品。

他們被誘惑，那是自然的，那沒有什麼不對，那完全合乎人性，但如果他們想要成爲一個彌賽亞（救世主）……那麼他們就必須去滿足傳統要求他們去履行的，而所有的傳統都是由男人所做成的，直到現在，我們都生活在一個男人所建立的社會，在這樣的社會裡，女人根本沒有被考慮進去。

孔子—整個中國都被孔子的思想所影響—相信女人沒有靈魂，她只有身體；殺死一個女人不算謀殺，所以，在中國，有好幾千年的時間，如果某人殺死他自己的太太，那不是一項罪行，它就好像你想要破壞你的椅子、你的傢俱，或是任何屬於你的東西；你佔有它，它是你的，就像女人也是你的。你是一個佔有者，你可以殺死她，在中國沒有法律可以阻止先生殺死他的太太，也沒有懲罰，因爲女人是一樣東西，而不是一個人。

而孔子被認爲是世界上最聰明的人之一，這究竟是那門子的智慧？孔子是孔子主義的創始者，但是一切孔子所做的就是去混亂人們的頭腦，其他沒有。

每一種宗教都害怕女人，因爲每一種宗教都害怕性。

每一種宗教都壓抑性、反對性，因此，很自然地，每一種宗教都必須反對女人、譴責女人，這是性壓抑的副產品。如果你譴責性，你一定會譴責女人。如果你尊重女人，你就自然會尊重性，將它視爲一種自然的東西。

而這些人爲什麼反對性？除了性以外，他們對其他每一樣東西的態度都不同。關於性，每一種宗教的看法都一樣？那似乎是各種宗教之間唯一的一致，所以，它似乎非常重要，我們應該深入了解爲什麼他們都害怕它的整個現象，他們害怕性，因爲它是人裡面最大的能量，是大自然和生物學上最強的拉力，沒有辦法去摧毀它。

或者你可以譴責和壓抑性，或者你可以了解和改變它，但是後者是一個漫長而且費力的途徑，它需要很高的聰明才智和覺知，因爲性是你裡面一個無意識的力量，你身體裡面的每一個細胞都是由它所做成的，每一個細胞都充滿著性的活力。跟你無意識的性能量相比，你有意識的頭腦簡直微不足道，因此，你害怕，在任何時候，無意識都可能會佔有你。壓抑似乎比較容易，再說，壓抑不需要聰明才智，任何白痴都可以做它，事實上，只有白痴會這樣做。

在印度，看到好幾百個屬於不同宗教的和尚，他們都在壓抑他們的性，我感到頗爲驚訝，我的驚訝是：他們越是壓抑他們的性，他們就變得越愚蠢，愚蠢的程度跟他們壓抑的程度剛好一樣。壓抑本性是一項非常愚蠢的努力，它一定會摧毀你的聰明才智，我發現這些人非常遲鈍。我對他們講話，而我可以看出，他們什麼都沒有聽到，他們的眼睛看起來幾乎是死的，他們的身體萎縮，他們看起來很醜。他們反對性，所以他們必須反對女人。

耆那教教徒相信：沒有人能夠從女兒身被解放，只有男人能夠被解放、能夠達到「那最終的」，只有從男人的身體才能夠得到解放，從女人的身體不能夠得到解放。女人的身體有什麼不對？根本沒有什麼不同，唯一的不同是生理上的，而那也並沒有多大的不同，那並不是一個具有實質意義的不同。

男人的性器官懸在外面，而女人的性器官藏在裡面，那是唯一的不同。只要將你的口袋翻轉過來，然後讓它懸在外面，那個口袋就變成雄性的，將它放回原來的位置，它就變成陰性的。

你說這個是不同嗎？它是同一個口袋！

者那教教徒說：一個女人被她女性的身體拖累，她必須先變成一個男人。所以者那教的尼姑並不努力去求得解放，她們努力在下一世被生成一個男人，然後她們再下功夫去求得解放，她們比男人要多一個步驟，「女士優先」並不適用。

在者那教的歷史上有一位女人，她一定是一位非常有勇氣，而且非常聰明的女人，而且是一個叛逆者，她反對這個概念。她的名字叫做瑪莉白（Mallib-hai），她反對這整個概念，她說：「這是男人所編造出來的。」她一定是一個具有個人魅力的女人，當然，它一定是如此，因為她變成一個者那教的和尚，她不要變成一個尼姑，因為尼姑的目標是要在來世變成一個和尚：她變成一個者那教的和尚。者那教的尼姑必須穿衣服，她不能夠裸體；如果她成功，那一幕在來生才會來臨。

但是這個瑪莉白的女人是一個罕有的叛逆者，我找遍了世界各地，還沒有找到一個女人跟她具有同樣的叛逆性，她變成一個和尚，她丟棄了她的衣服，向者那教教徒宣稱：「我是一個和尚，我在努力求得解放，我一點都不關心你們的經典怎麼說。」她眞的是具有個人魅力，她做到了成爲一個耆那教大師的所有要求，耆那教教徒必須以一個耆那教大師（teerthankara）來接受她。

但是他們耍了一個詭計，當她過世，他們改變了她的名字。Mallibhai—〃bhai〃是指女人，但是他們把她的名字改成Mallinath—〃nath〃是指男人。所以，如果你閱讀歷史，你將不會在二十四個耆那教大師裡面找到一個女人，因爲她的名字已經被竄改過了。他們欺騙了整個世界來延續他們舊有的觀念。一個女人證明過它，而一個女人的證明就足夠替所有的女人證明，但是當她死後，那些狡猾的教士竄改了她的名字，他們不僅改變了她的名字，他們還改變了雕像，她在廟裡被擺出來的是男人的雕像，在耆那教的廟裡有二十四尊耆那教大師的雕像—都是男人！

我曾經到過耆那教的廟宇，我問：「誰是瑪莉白？」

教士就變得閃爍其詞，他會說：「喔……瑪莉白？你是耆那教教徒嗎？」

我會說：「不，我不是耆那教教徒，我也不是一個大男人主義者。在這二十四位大師裡，那一位是瑪莉白？」然後他會指給我看，但是我會說：「這是一尊男人的雕像，性器官懸在外面。」

他們很快地覺知到……所以每當我去到一座耆那教的廟，他們就會說：「廟已經關了，你不能夠進入廟裡。」

這是一個男性主義的世界，所有印度的轉世佛都是男人，沒有一個女人被接受，並不是說沒有女人比這些所謂的轉世佛具有更偉大的力量，而是因爲她們是女人，所以沒有被接受。這是一個男人的世界。

一個回教徒可以跟四個女人結婚，可蘭經允許他這樣做，而一個女人不可以跟四個男人結婚，這是不公平的。女人不能夠進入回教寺廟，她必須在外面祈禱。就因爲她是一個女人，所以她是骯髒的，她甚至不被允許在寺廟裡面祈禱。在猶太教的教堂裡，女人有一個特別隔起來的分開的地方，她不能夠跟男人坐在一起。通常她的位子在後面，或是在包廂的地方。

我想起一個故事，我不知道它是對還是錯。當戈達梅爾當以色列的首相，印度的首相茵蒂拉甘地去訪問以色列，她想要去看一個猶太教的教堂，她想要了解猶太人怎麼崇拜神，了解他們在做什麼，所以戈達梅爾帶茵蒂拉甘地坐在包廂上。

茵蒂拉甘地問戈達梅爾說：「猶太教教堂的規則是不是只有首相才能夠坐在包廂上？」因爲戈達梅爾和茵蒂拉甘地兩個人都是女性。戈達梅爾不想說，在猶太人的傳統裡，女人必須被分開。但是茵蒂拉甘地以爲：「因爲我們兩個人都是首相，所以他們才給我們一個特別的位子。」是的，那是一個特別的位子，但不是特別給首相的位子，而是特別給兩個女人的位子，即使她們兩個人都是首相也一樣，女人還是女人。

摘自「奧修聖經」一書
一九八五年第一卷第六章

第十一章

沒有生育控制、沒有墮胎：全球性自殺

問題：

爲什麼教會那麼反對生育控制和墮胎？

政治是一個數字遊戲。世界上有多少個基督徒—那就是你的權力，基督徒越多，基督教教士手中的權力就越大。沒有人有興趣於拯救任何人，他們只興趣於增加人口。基督教一直在做的就是繼續從梵諦岡發出命令，反對生育控制，他們說：使用生育控制的方法是罪惡；相信墮胎或是宣傳墮胎，或是使墮胎合法化是罪惡。

你認爲他們對沒有被生下來的小孩子有興趣嗎？他們沒有興趣，他們跟那些沒有生下來的小孩子無關。他們知道得很清楚，如果墮胎沒有被實施，如果生育控制的方法沒有被實施，那麼整個人類將會導致一個全球性的自殺，然而，他們還在追求他們的利益。爲期已經不是很遠，或許你也有可能看到那個情況，就在十五年之內，整個世界的人口將會達到一個無法生存的程度。

但是就在現在，就在最近，梵諦岡發出一個冗長的訊息給人類，內容有一百三十九頁——「墮胎是罪惡；生育控制是罪惡。」聖經裡面沒有一個地方記載說墮胎是罪惡，也沒有一個地方記載說生育控制是罪惡，因爲以前不需要生育控制。十個小孩子被生下來，有九個會死，比率是如此。就在三、四十年以前，印度的比率就是這樣：在十個小孩裡面，只有一個會存活，那完全沒有問題，這樣對地球的資源來講，人口就不會太多，比重也不會太重，目前甚至在印度，不用說那些文明國家，甚至在印度，十個小孩子裡面，只有一個會死。

所以，在一方面，醫學繼續在幫助人們存活，而基督教繼續在開醫院和分送醫藥，還有聖母特麗莎在頌揚你，而教皇將會祝福你……還有各種協會，他們甚至擔心蘇俄。在美國有一個基督教的組織叫做「地下的福音傳播」，這個機構在共產國家活動，他們免費分送聖經，以及分送這些墮胎是罪惡、生育控制是罪惡等愚蠢的觀念。

不管怎麼說，蘇俄並沒有在挨餓，他們並不富有，但是他們並沒有在挨餓。拜託，至少不要去管他們，因爲有生育控制，所以他們並沒有在挨餓，如果生育控制被禁止、墮胎被禁止，蘇俄將會處於跟依索匹亞同樣的情況，然後聖母特麗莎將會非常高興，那些「地下」的福音傳播者將會出現在「地上」——一個大好時機可以將人們轉變成基督教。

摘自「奧修聖經」一書
一九八五年第三卷第十八章

A Gathering of His Rebels

第十二章

女人正在傷害她存在最深處的核心

問題：

在卡利爾吉布蘭（Kahlil Gibran）所寫的「先知」（The Prophet）一書裡面，有一個女人請阿爾馬斯塔伐談論痛苦，是否能夠請你評論這一段摘錄？

「一個女人開口，她說，告訴我們關於痛苦。阿爾馬斯塔伐說：你的痛苦是在打破圍繞著你了解的硬殼。即使果核也必須被打破，然後它的核仁才能夠站在陽光下，所以你必須去知道痛苦。你是否能夠使你的心對你生命中每天所發生的奇蹟感到驚奇，你的痛苦並不會比你的喜悅更不令你驚奇。你要接受你內心的各種季節，就好像你已經接受了經過田野的各種季節。在經歷你悲傷的冬天，你要安靜地注意看。大部份的痛苦都是你自己選擇的，那是良藥苦口的部份，你裡面的醫生藉著它來治癒你生病的自己。所以，要信任醫生，在寧靜和安詳當中喝下他的藥物。因爲他的手雖然很重、很難，是被那看不見的溫柔的手所引導的，他所帶來的杯子雖然會燙到你的嘴唇，它是陶藝工人用他自己神聖的眼淚所滋潤的泥土做出來的。」

即使一個像卡利爾吉布蘭這麼有能力的人似乎也很難忘掉那個根深蒂固的男性主義態度，我這樣說是因爲阿爾馬斯塔伐所描述的，就某一方面而言是對的，但是它們仍然錯過某些非常主要的東西。

阿爾馬斯塔伐忘記那個問題是由一個女人所提出來的，而他的回答非常一般性，可以適用在男人和女人兩者，但是眞實的情況是：世界上女人所經歷過的痛苦比男人所知道的還要多上一千倍。

那就是爲什麼我説阿爾馬斯塔伐是在回答那個問題，而不是在回答那個發問者。除非那個發問者被回答，否則那個答案是膚淺的，不論它聽起來多麼深奧。

那個回答似乎是學院派的、哲學式的，它並沒有深入了解男人對女人做了些什麼，那不只是一天的問題……已經有好幾千年了。他甚至都沒有提起它，相反地，他繼續在做那些教士和政客們一直都在做的同樣的事情：給予安慰。在漂亮的言語後面，除了安慰以外什麼東西都沒有，而安慰並不能當成眞理的代替品。

「一個女人開口…」在那一群人裡面，沒有男人問關於痛苦的事，這不是很奇怪嗎？這只是偶然的嗎？不，絶對不是。女人問那個問題是非常有關係的：「告訴我們關於痛苦。」因爲只有女人知道她們一直攜帶了多少創傷，只有女人知道她受過多少身體的、心理的、以及靈性的被奴役之苦，她們目前還在受這種苦。

女人正在傷害她存在最深處的核心。沒有一個男人知道深層的痛苦能夠深入你，摧毀你的尊嚴、你的驕傲、你的人性。

阿爾馬斯塔伐說：「你的痛苦是在打破圍繞著你了解的硬殼。」這是一個非常差的描述……

「即使果核也必須被打破，然後它的核仁才能夠站在陽光下，所以你必須去知道痛苦。」我討厭這個描述，他在支持你必須經驗痛苦這個觀念，那是一個老生常談，但不是一個眞理。它非常實際，種子必須經歷很大的痛苦，因爲除非那個種子在它的受苦當中死掉，否則樹木將永遠不會被生出來，茂盛的枝葉以及花朵之美將永遠不會出現，但是誰會記得那個種子，以及它爲了要使那未知的被生出來而犧牲自己的勇氣？

你所有的知識，所有的制約，以及你成長的整個過程，你的教育，你的社會和文明，它們都構成使你和你的了解被監禁起來的硬殼。人們將會好像小說或詩一樣地讀它，而沒有人會注意到他們讀了「硬殼」這個名詞，它包含了你的整個過去，除非你準備好要擺脫你的過去，否則將會有痛苦。那是你的過去，就這樣要擺脫它並非那麼容易，它並不像你的衣服，可以更換，它就好像剝你的皮，但是沒有經歷過這個痛苦就不可能有任何了解。

這對男人和女人而言都是對的，但是對女人而言，它更是眞實，因爲整個過去都是由男性所創造出來的，女性只是一個影子，不是非常具有實質的重要性。所有印度教神的化身都是男人，非常奇怪和令人震驚的是：他們能夠接受動物作爲神的化身，但是他們從來沒有接受過任何一個女人作爲神的化身。

女人完全被忽視，根本就沒有被考慮進去，她延續了整個世界的一半，而有幾千年的時間，她都沒有投票權。

在中國，他們相信女人沒有靈魂，所以痛苦的問題不會產生。如果你破壞傢俱，你認爲傢俱會很痛苦嗎？你認爲它會有痛苦嗎？如果你打桌子，你認爲它會流淚嗎？

在印度，佛陀是一個男人，他的大弟子摩訶迦葉、舍利子、和摩卡拉揚都是男人，難道沒有一個女人能夠被提升到同樣的意識嗎？但是佛陀本身拒絕點化女人，她們是一個不屬於人類而屬於某種次人類的種族，爲什麼要去顧慮她們？先讓他們達到男性。

佛陀的陳述是：男人是十字路口，從那裡你能夠走到任何地方，走到成道，走到最終的自由，但是女人壓根兒都沒有被提及，她不是一個十字路口，她只是一條甚至連市政府都沒有設置路燈的暗街，它不會引導你到那裡。而男人是一條超級高速公路，所以，首先要讓女人上到超級高速公路來，讓她變成一個男人，被生爲男人身，然後她才可能成道。

阿爾馬斯塔伐說：「……所以你必須知道痛苦」——但是爲了什麼？如果女人不能成道，她爲什麼要去經歷痛苦？她並不是黃金，在經過煉火之後就能夠變得更純。

「你是不是能夠使你的心保持對你生命中每天所發生的奇蹟感到驚奇，你的痛苦並不會比你的喜悅更不令你驚奇……」那是眞實的，但是有時候眞理可能很危險，它是一把兩面都是刀鋒的劍，一方面它會保護，另一方面它會摧毀。如果你使你的眼睛保持驚奇，你將會很驚訝地知道，即使痛苦也有它本身的甜美、它本身的奇蹟、它本身的喜悅，它並不比喜悅本身來得不令人驚奇。

但是奇怪的事實是：女人總是比男人更像一個小孩子，更充滿驚奇。男人總是在追求知識，而知識是什麼呢？知識只是一個擺脫掉驚奇的手段，整個科學都在嘗試著去揭開存在的神秘，而這是一個非常簡單的事實：你知道越多，你就越不會對事物感到驚奇。

阿爾馬斯塔伐並沒有提到女人總是比男人更接近小孩這個事實。那就是她們美的一部份：她們的天眞——她們不知道。男人從來不允許她們去知道任何東西。她們只知道一些小事情，她們只知道如何持家，如何照顧廚房，以及照顧先生和小孩，這些並不是偉大的知識，這些能夠很容易地被擺在一邊。

那就是爲什麼，每當女人來聽我講道，她都能夠聽得更深入、更親近、更具有愛心，但是當一個新的男人來聽我講道，他非常抗拒，他保持警覺，惟恐他會受影响、受傷害，如果他的知識沒有獲得支持的話。或者，如果他非常狡猾，他就繼續以他自己的知識來解釋任何我所說的，他會說：「我已經全部都知道了，那沒有什麼新鮮。」

這是一個保護他的自我、保護那個硬殼的措施，除非那個硬殼破裂，而你發現像小孩子一樣，對萬事萬物感到驚奇，否則你不可能進入那個我們稱之爲靈魂的空間，不可能進入你內在的本性。

這是我在全世界的經驗，當女人在聽道的時候，你可以在她的眼睛裡面看到對事物感到驚奇的閃爍，它不是膚淺的，它的根深入她的內心。

但是卡利爾吉布蘭並沒有提到那個事實，雖然那個問題是一個女人所問的。事實上，男人甚至怯懦到害怕問問題，因爲你的問題證明了你的無知。你會發現在「先知」一書裡面，所有最好的問題都是女人所問的：關於愛、關於婚姻、關於小孩子、關於痛苦的問題。它們非常眞實，它們並不是關於神，不是關於任何哲學系統，而是關於生活本身。它們或許看起來並不像偉大的問題，但是它們事實上是最偉大的問題，而那個能夠解決那些問題的已經進入了一個新的世界。

但是阿爾馬斯塔伐的回答好像那個問題是被任何一個張三李四所問的，他並沒有在回答那個發問者，而我的方法一直都是：那個眞正的問題是那個發問者，爲什麼那個問題從一個女人那裡升起，而不是從一個男人那裡升起？因爲女人遭受奴役之苦，女人遭受被貶抑之苦，女人遭受經濟上的依賴之苦，尤其，她遭受到經常懷孕之苦，她遭受這些苦已經有很多世紀了，她生活在痛苦、痛苦、和痛苦之中。

在她裡面成長的小孩不允許她吃東西，她總是覺得想嘔吐，當小孩子成長到九個月大，小孩子的生產幾乎是那個女人的死。當她的一個懷孕都還沒有恢復過來，她的先生就準備要使她再度懷孕，似乎女人唯一的功能就是去成爲製造人群的機器。

而男人的功能是什麼?他並沒有參加她的痛苦。她受苦九個月，她遭受生小孩之苦，而男人在做什麼?就男人而言，他只是把女人當作一個東西來使用，以滿足他的色慾和性，他根本不顧慮女人會有什麼結果，而他還是繼續在說：「我愛妳。」如果他眞的愛她，世界一定不會人口過剩，他所說的「愛」完全是空談，他幾乎像牛一般地在對待她。

「你要接受你內心的各種季節，就好像你已經接受了經過田野的各種季節。」這是對的，但並不是絕對地對，如果你忘掉那個發問者，那麼它是對的，但是如果你記住那個發問者，那麼它就是不對的。

只是作爲一個哲學的陳述，那麼它是對的：「你要接受你內心的各種季節……」有時候會有快樂，有時候會有痛苦，有時候只是漠不關心，沒有痛苦，也沒有快樂，他是在說；「如果你接受你內心的各種季節，就好像你已經接受了經過田野的各種季節……」

在表面上，它是對的。對任何東西的接受會給你某種和平、某種鎮定，你不會過份擔心，你知道這個也將會過去，但是就女人而言，有一個不同，她經常生活在一個季節裡：痛苦和痛苦。那個季節不會從夏季改變到冬季……或是下雨，女人的生活眞的很艱難。

在印度，有百分之八十的人口生活在鄉村裡，你在那裡可以看到女人所經歷過的眞正艱辛。

她一直在經歷那種艱辛已經有很多世紀了，而那個季節並沒有改變，如果你洞察這個事實，那麼這個陳述就變成反革命的，那麼這個陳述就變成一個安慰：「接受男人的奴役，接受男人的折磨。」

女人生活在如此的痛苦裡面，而阿爾馬斯塔伐卻完全忘掉是誰在問那個問題，去接受季節的改變是可能的，但它不能是好幾千年的奴役，那個季節並沒有改變……

女人需要反叛，而不是接受。

男人是地球上最具色慾的動物。每一種動物，雄性對雌性的興趣都有一個季節，有時候，那個季節只有幾個星期，有時候是一、兩個月，然後牠們整年都會忘掉性，牠們會忘掉繁殖，所以牠們不會有人口過剩的問題，只有男人終年都具有性慾。

而你在要求女人接受那個痛苦。

我不能夠要求我的人接受這樣的痛苦、接受別人加諸在你身上的痛苦，你需要一個革命。

「在經歷你悲傷的冬天，你要安靜地注意看……」爲什麼？當我們能夠改變它，我們爲什麼要注意看？只要注意看那些不能改變的，只要注意看那些自然的，成爲它的一個觀照，但這是詩意的狡猾，很美的文字：「安靜地注意看……」關於卡利爾吉布蘭打他自己的太太要怎麼辦？「安靜地注意看」！

安靜地注意看任何自然的東西，反叛所有被任何人強加上去的受苦，不管它是男人或女人，不管它是你的父親或母親，不管它是牧師或教授，不管它是政府或社會——反叛！除非你有一個叛逆的靈魂、眞正叛逆的靈魂，否則你並不是活生生的。

「大部份的痛苦都是你自己選擇的……」這是對的，你所有的悲慘、所有的痛苦，它大部份並不是別人強加在你身上的，對於別人強加在你身上的、要反叛，但是對於你自己選擇的，要丟棄它，不需要去注意看，只要了解說「是我自己加諸於我自己的」，這樣就夠了，將它拋棄，讓別人去注意看，而你將它丟掉！看到你將它丟掉，或許他們也會了解：「爲什麼要不必要地受苦？」——旁邊的人正在拋棄他們的悲傷。」

你的嫉妒、你的憤怒、你的貪婪——它們都會帶來痛苦，你的各種野心，它們都會帶來痛苦，而它們是自己選擇的。

「那是良藥苦口的部份，你裡面的醫生藉著它來治癒你生病的自己。」他再度回來安慰你。他並沒有作出一個非常清楚的區別說對於別人強加在你身上的痛苦：要反叛它們；對於自然的痛苦：要觀照它們，安靜地觀照它們，因爲它是苦口的藥，你裡面的醫生以及「自然」用它來治癒你生病的自己。

「所以，要信任醫生，在寧靜和安詳當中喝下他的藥物。」但是要記住，那是關於醫生，而不是關於你先生，也不是關於政府，他們將痛苦強加在你身上，不是治癒你，而是摧毀你、壓扁你，因爲你越被摧毀，你就越容易被支配，他們不需要害怕你會反抗，所以要記住誰是醫生。「自然」會治癒你、時間會治癒你，你只要等待、觀照，但是要非常清楚，什麼是自然的，什麼是人造的。

對於任何自然的東西，任何「是」的東西，反叛是不可能的，那麼就不要去爲它受苦，那麼，就帶著感激來接受它，那是看不見的神性的手要來治癒你，是它要來將你帶到一個更高的意識狀態，但是任何不自然的東西……對任何奴役制度的讓步就是摧毀你自己的靈魂，寧願死也不要成爲一個奴隸。

彌賽亞：奧修對卡利爾吉布蘭所著的「先知」一書的評語
第二卷，一九八七年一月二十一日下午

第十三章

奴隸不能夠成爲朋友

問題：

尼采在「查拉圖斯特如是說」一書中曾經說女人沒有友誼的能力，是否能夠請你評論一下？

友誼是最被幾乎所有哲學家所忽略的主題之一，或許我們將它視爲理所當然，認爲我們了解它的意義，因此我們對它的深度、它成長的可能性、它帶著不同意義的不同顏色仍然保持無知。

最重要的而且必須記住的事是：一個人需要朋友，因爲一個人不能夠單獨。只要一個人還「需要」朋友，那麼他就不是一個稱職的朋友，因爲那個「需要」將另外一個人貶成一個物體。只有一個有能力單獨的人才有能力成爲一個朋友，但那不是他的需要，那是他的喜悅；那不是他的飢餓，不是他的口渴，而是他豐盛的愛，他想要去分享。

當這樣的朋友關係(friendship)存在，它不應該被稱爲一個朋友關係，因爲它進入了一個全新的層面，我稱它爲「友善」(friendliness)，它已經超越了關係……因爲所有的關係就某方面而言都是枷鎖，它們使你成爲一個奴隸，同時它們也奴役別人。友善只是分享的喜悅，沒有任何條件，沒有任何期望，沒有欲求回報，甚至沒有要求別人的感激。

友善是最純的愛。

它不是一個需要，它不是一個必要物。

它是純粹的豐盛，是洋溢的狂喜。

查拉圖斯特(Zarathustra)說：「我們對別人的信心暴露出：其實我們眞正

喜歡的是對我們自己有信心。」

一個相信別人的人就是一個害怕去相信他自己的人。基督徒、印度教教徒、回教徒、佛教徒、共產主義者—沒有一個人有足夠的勇氣對他自己有信心，他相信別人，他相信那些相信他的人。這的確很可笑：你的朋友需要你，他害怕他的單獨；而你也需要他，因爲你害怕你的單獨，兩個人都害怕單獨，你認爲你們在一起意味著你的單獨將會消失嗎？它只會加倍，或是會相乘而變成更多倍，因此所有的關係都會導致更多的痛苦，導致更多身心的極度痛苦。

没有人能夠滿足你的空虛。

你必須去面對你的空虛。

你必須去活過它，你必須去接受它。

在你的接受當中隱藏著一個偉大的革命，隱藏著一個偉大的啓示。

當你接受你的單獨和你的空虛時，它的品質就會改變，它就變成它的相反之物，它變成一個豐盛、一個實現、一個能量的洋溢和喜悅。從這個洋溢作爲出發點，如果你的信任升起，它就具有意義；如果你的友善升起，它是有意義的；如果你的愛升起，它就不只是一個字，它就是你的心。

欲求對某人有信心只暴露出一件事：你太貧乏了、太空虛了、太無意識了，這不是去改變你的狀況的方式，這只是一個虛假的安慰方式。

你不需要安慰，你需要革命，你需要蛻變你自己，你必須跟你自己達到和諧，那就是達到正確的信任、正確的友誼、正確的愛的第一步，否則你各種愛的關係、朋友關係、以及信任的關係都只不過是一種暴露，你暴露了你自己，你宣稱你是空虛的、沒有價值的、不值得的。

如果你不能夠愛你自己，有誰將會來愛你？
如果你不能夠成爲你自己的朋友，有誰將會來成爲你的朋友？

如果你不能夠信任你自己，有誰將會信任你？

查拉圖斯特說：「你本身是一個奴隸，但是你假裝成一個要拯救你朋友的人。」你們所謂的救世主也是一樣：他們本身沒有被拯救，但是他們準備好要去拯救整個世界……即使在二十世紀的末期，仍然有成千上億的人相信，一切他們所需要做的就是去相信耶穌，相信他是上帝的獨子，然後他們能夠繼續做任何他們想做的事，而他們將會被拯救。非常廉價—只要相信。

當我被強迫帶進美國監獄的第一天晚上……在我同一間牢房的另一個囚犯一定是一個非常虔誠的基督徒，他將聖經放在他的床上，然後跪在地上，很虔誠地將他的頭放在聖經上，就在聖經的上方，有各色各樣從雜誌剪下來的色情畫貼滿了牆壁。整個情形我都看到了，然後當他做完祈禱，我問他：「是誰將這些照片擺在這裡？它們眞的很漂亮。」

他說：「是我貼的，你喜歡它們嗎？」

我說：「它們非常漂亮，我也是一個虔誠的人。」當我說：「我也是一個虔誠的人。」這話使他產生一些懷疑。

他說：「你這話是什麼意思？」

我說：「你難道看不出那個矛盾嗎？你在對上帝祈禱，將你的頭放在聖經上面，跪在地上，希望你會被拯救……」

他說：「我一定會被拯救，我是一個相信上帝的人，我是一個相信耶穌基督的人。」

然後我說：「這些色情畫怎麼樣？」

他說：「那沒有關係，一旦你相信耶穌，你就被拯救了。」

我說：「或許，原來是這樣……你已經被關進監獄有多少次了？」

他說：「這只是第四次。」

「你犯了什麼罪？」

他說：「我犯了各種罪，但是我每天早晚都祈禱，不論是在監獄裡面，或是在監獄外面都一樣。這些都是小事，我對耶穌的相信是絕對的，他不可能違反他的承諾。」

我說：「你有任何保證嗎？如果他不在最後審判日出現，你將會有麻煩。如果這些裸體的女人出現，而她們說：『他是我們的追隨者，他每天早上和晚上都跪在我們的面前……』」

他看著我，他在生氣，他說：「似乎你不是一個基督徒。」

我說：「我是一個基督徒，否則我爲什麼要這麼麻煩來跟你講這些？但你是在向這些猥褻的色情畫裡面的裸體女人行禮，所有這些女人都將會出現在最後的審判日，而你要記住，我也將會在那裡作爲一個見證人。」

他說：「我的天啊！我聽過關於你的事，我看過你上電視，他們說─或許他們是對的，他們說你是一個危險人物，原諒我，不要在最後的審判日提到這些照片。」

我說：「你將它們拿下來。」

他說：「那有一點困難，我不能夠一天二十四小時都祈禱，那是我唯一的娛樂─將照片從雜誌上剪下來，到處張貼……並不是只有我一個人這樣做，所有監獄的牢房都充滿色情照片。」所有這些雜誌都是監獄提供給囚犯的，監獄也提供聖經。

第二天，當獄吏來的時候，我問他：「你們提供這兩種東西給這些可憐的囚犯，你們看不出它的矛盾嗎？」

他說：「從來沒有人指出那個矛盾。」

我說：「你需要別人指出它嗎？你不能夠自己看嗎？」

他告訴我：「你跟我來辦公室，我們可以在那裡討論，不要在囚犯面前討論，你會刺激他們。」

我說：「我並不是在刺激他們反對聖經，我是在刺激他們反對這些貼滿牆壁的醜陋色情畫。你每天都在這邊走動，這些事你都看到了，而你居然對它們保持沈默，當我出去的時候，我也要把你向媒體曝光。」

他說：「不要這樣做！」

我說：「那個囚犯也是這樣告訴我：『不要在最後的審判日這樣做。』」

有些人没有覺知到他們具有很深的成爲奴隸的傾向，他們想要被奴役，因爲當他們被奴役，他們所有的責任都由那個奴役他們的人來承擔。

除非你準備好要去承擔人生所有的責任，否則你內在的某些東西將永遠都會想要去成爲一個奴隸，因爲只有奴隸才能夠免於各種責任。但是一個奴隸不能夠成爲一個朋友，因爲他是在找尋一個主人，而不是在找尋一個朋友，同樣的情形從另外一邊來看也是對的……因爲你是在找尋奴隸，而不是在找尋朋友，任何有尊嚴的人都將不會以友誼的名義來被奴役。

查拉圖斯特說：「在女人裡面，一個奴隸和一個暴君兩者都已經被隱藏太久了。」

那個責任應該歸於男人，查拉圖斯特並沒有提到這一點，或許他仍然把自己想成只是一個男人，他還沒有超越男人和女人的二分性，他以一個男人來談論女人，因此他沒有去負起那個責任。

否則，女人裡面的很多錯誤，那個責任都在於男人……男人強迫了她，他把她做成幾乎像一個洋娃娃，只是一個展示品，他給她的尊敬與他向她要求的尊敬並不一樣，他強迫她在靈性上成爲一個奴隸，因此，很自然地，幾千年以來，在女人裡面都有一個強烈的想要報復的慾望。

它以較小的方式表現出來：她折磨先生，對他嘮叨，或是一直抱怨。但是我要你們記住，那個責任應該由男人來負，因爲男人沒有給女人自由，你使她成爲一個奴隸，而她想要脱離那個奴役，但是你切斷了她周圍所有的橋樑。

你沒有讓她受教育，你沒有讓她在社會裡面自由活動，你沒有允許她財務上的自由……而且你一直使她保持懷孕。

你使用了她，你沒有給她一個人應得的尊重，所以很自然地就會有報復。

她以她自己的方式來報復：她折磨你，她使你的生活成爲一個地獄。你使她的生活成爲一個地獄，她就使你的生活成爲一個地獄。你的方式和她的方式不同，但是最終的結果就是：你們兩個人都生活在地獄裡。

女人沒有友誼的能力，因爲她是不自由的，她的個體性並沒有被承認，她的獨立性沒有受到尊重，她怎麼能夠成爲一個朋友？

如果她甚至連友誼都不能夠知道，她怎麼能夠知道愛？她只知道色慾，而她恨男人也是爲了同樣的理由，因爲她知道得非常清楚，所有這些甜言蜜語──「親愛的」、「漢妮(honey)」、「我愛你」──這些都只不過是色慾的前奏，所以，很自然地，她就以她自己的方式來反應──說她頭痛。你在說「親愛的」、「漢妮」，而她在說她頭痛，她有她自己的方式來磨你。你已經折磨她折磨夠了……

雖然如此，女人的愛比在她裡面的任何其他東西都來得更具洞察力。她的邏輯被男人所摧毀，她的智力被男人所破壞，只有她的愛……雖然多少世紀以來男人用盡各種方法使女人只是成爲男人所使用的性工具，但是她的愛仍然保持完整。

但這是一項困難：甚至像佛陀或查拉圖斯特這樣的男人也很難提升到超越他們以男性為尊的潛在觀念，女人仍然保持是較低的，她不屬於男人的高處，她仍然停留在某個較低的暗谷裡……

如果女人裡面還有任何活生生的東西的話——儘管男人持續地對她施以暴力——那就是她的愛，她的愛在她的眼睛裡面，她的愛是她的整個存在。

而那就是女性解放的唯一希望。那是歷史上的第一次，女人能夠達到她們的尊榮、她們的獨特性、她們靈性成長的唯一希望。她們在任何方面都不比男人差。

查拉圖斯特說：「在一個女人『成道的愛』裡面仍然有不期然的攻擊、閃電和黑夜，伴隨著光。」

這也是男人的責任。唯有當男人和女人能夠平等，而且他們的獨特性變成一個被接受的現象，他們之間才能夠保持和平，然後他們的友誼才能夠開花，然後那個黑夜和不期然的攻擊才會消失。

女人被男人逼得幾乎快要發瘋。她能夠在一個所有的宗教都是男人所創造的、所有的政府都是男人所設立的、所有法律都是男人所制定的、所有社會都是男人所創造的、所有教育系統都是男人所設立的社會當中存活，這眞的是一項偉大的奇蹟。女人是怎麼存活的？那眞的是一項奇蹟。

就我所了解，這項奇蹟之所以可能，是因爲她的愛。即使男人虐待她，她仍然愛他。即使她被奴役，被帶上枷鎖，她仍然保持是一個母親、一個姊妹、一個愛人、一個女兒。

面對著對她人格這麼多的攻擊，她的存活之所以可能，只是因爲存在需要她比它需要男人更需要。存在一直都在保護女人，因爲女人是母親，所有的生命都是從那裡出來的。就是透過她的愛，所以生命仍然能夠歌唱、能夠歡舞，因爲仍然有一些美、仍然有一些優雅留在世界上。

女人構成世界上一半的人口，如果她們被解放，如果她們被給予基本的、與生俱來的權利，世界將會進入一個很大的變形，它非常需要如此。

除了小孩子以外，女人被禁止貢獻任何東西。她能夠貢獻非常多，而它的品質將會是完全不同的，它將會有更多的美，它將會有更多的活生生，它將會有更多的愛，它將會有更多生命的汁液。

查拉圖斯特：一個能夠歡舞的神

一九八七年三月三十一日下午

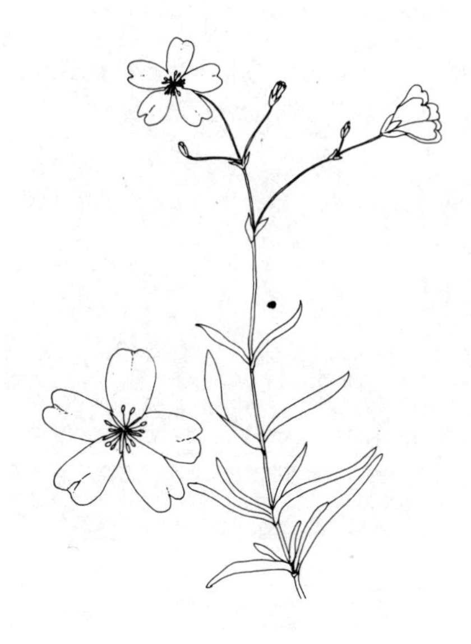

第十四章

譚崔從來不是大男人主義的

問題：

譚崔是什麼？

關於譚崔，最基本的東西是：它是非常激進的、革命性的、叛逆的，它基本的洞見是：世界不是被分成較低的和較高的，世界是一體的，較低的和較高的是手牽著手，較高的包含較低的；較低的包含較高的。較高的隱藏在較低的裡面，所以較低的不應該被拒絕，不應該被譴責，不應該被摧毀，或是被扼殺。

較低的必須被蛻變……

毒素和甘蜜是同一個能量的兩種狀態，生命和死亡亦是如此，每一樣東西都是如此：白天和黑夜、愛和恨、性和超意識（宇宙意識）。

譚崔說：永遠不要譴責任何東西，譴責的態度是愚蠢的態度。藉著譴責某種東西，你就拒絕了一個可能性：如果你將那較低的發展出來，它很可能就能夠被你利用。不要譴責泥巴，因爲蓮花隱藏在泥巴裡，使用泥巴去生產蓮花，當然，泥巴還不是蓮花，但它可能成爲蓮花。具有創造力的人、具有宗教性的人，他們會幫助泥巴開出它的蓮花，好讓蓮花能夠從泥巴解放出來。

薩拉哈是譚崔的創始者，譚崔具有非常大的意義，尤其在人類歷史的這個時候，因爲一個新的人類正在奮力要被生出來，一個新的意識正在敲著門，未來將會是屬於譚崔的，因爲現在二分性的態度已經不再能夠抓住人們的頭腦。

他們已經嘗試了很多世紀，他們使人殘缺，他們使人產生罪惡感，他們並沒有使人自由，他們使人成爲囚犯，他們沒有使人快樂，他們使人變得非常悲慘，他們譴責每一樣東西。從食物到性，他們譴責每一樣東西；從關係到友誼，他們譴責一切。愛被譴責、身體被譴責、頭腦也被譴責，他們沒有留下一英吋的地方讓你站，他們帶走了一切，而人就懸在那裡，就這樣懸著。

人的這種狀態已經無法再被忍受，而譚崔能夠給你一個新的觀點。

或許你甚至沒有聽過薩拉哈的名字，但是薩拉哈是人類偉大的恩人之一，他是一個非常有學問的婆羅門的兒子，他父親在馬哈帕拉國王的宮廷裡，國王要將他自己的女兒許配給薩拉哈，但是薩拉哈要拋棄一切，薩拉哈要成爲一個門徒，他成爲斯里克爾提（Sri Kirti)的門徒……

有一天，當薩拉哈正在靜心，他突然看到一個畫面，那個畫面顯示出有一個女人在市場，而她將成爲他眞正的老師。斯里克爾提已經使他上路，但是眞正的老師必須來自一個女人，現在，這個也必須被了解，只有譚崔從來不是大男人主義的，事實上，要進入譚崔，你將需要一個聰明女人的合作，沒有一個聰明的女人，你將不能夠進入譚崔複雜的世界。

他看到一個畫面：一個女人在市場那裡。所以，第一是一個女人，第二，是在市場裡。譚崔是在市場裡面興盛起來的，在生活最濃密的地方興盛起來的，它不是一個否定的態度，它是完全肯定的……薩拉哈去到了市場，他很驚訝，他眞的找到那個在他畫面裡面的女人，那個女人正在做一支箭，她是一個箭工。

關於譚崔，第三樣東西必須被記住—它說：一個人越有教養、越文明，他用譚崔來蛻變的可能性就越少。一個人越不文明、越原始，他就越是活生生的。你變得越文明，你就變得越死板，你變成人造的，你變得太過於用人工培養，因此你就失去了你進入泥土的根，你變得害怕泥濘的世界，你開始離開世界而生活，你開始僞裝你自己，就好像你不屬於世界。譚崔說：要找到眞正的人，你將必須走到根部……

一個做箭工的女人是一個低階級的女人，但是對薩拉哈來講，對一個有學問的婆羅門，一個有名的婆羅門，一個屬於國王宮廷的薩拉哈來講，去到一個女箭工那裡是具有象徵意義的。

有學問的人必須就教於有生命力的人。

人造的必須就教於眞實的。

他看到這個女人，一個年輕的女人，非常活生生的，散發出生命的光輝，她正在切一支箭的柄，她既不看右邊，也不看左邊，她完全專注在製作那支箭，他立刻從她的「在」感覺到某種不尋常的東西，感覺到某種他從來没有碰過的東西，即使他的師父斯里克爾提在這個女人的「在」之前也變得失色，某種非常新鮮的東西，某種來自那個泉源的東西……

薩拉哈仔細地觀察，一支箭做好了，那個女人閉起一隻眼睛，而打開另一隻，作出瞄準一個看不見的目標的姿勢。薩拉哈走得更近，那裡没有目標，她只是假裝做出那個姿勢，她必須閉起一隻眼睛，而另外一隻眼睛張開，她在瞄準某一個未知的目標、看不見的目標，那個目標不在那裡。薩拉哈開始感覺到某種訊息，他覺得那個姿勢是象徵性的，但是它仍然非常晦暗不明，他能夠感覺到有某種東西在那裡，但是他看不出那是什麼。

所以他問那個女人說她是不是職業性的箭工，那個女人笑得很大聲，那是一個很野的笑，她說：「你這個愚蠢的婆羅門！你離開了吠陀經，但是現在你在崇拜佛陀的話語，所以，這有什麼意義？你變換了你的書，你變換了你的哲學，但你還是一直保持是那個同樣愚蠢的人。」

薩拉哈感到震驚，沒有人曾經以那種方式跟他講話，只有一個沒有教養的女人才可能以那種方式來講話，而她笑的方式也非常不文明，非常原始，但是仍然有某些東西非常活，他覺得被吸引，她是一塊巨大的磁鐵，而他只不過是一個小鐵塊。

然後她說：「你以爲你是一個佛教徒嗎？」——他一定是穿著佛教和尚的長袍，黃色的長袍——然後她再度大笑，她說：「佛陀的意義只能夠透過行動來被知道，而不是透過文字，也是不透過書本，你這樣還不夠嗎？你對所有這些還不膩嗎？不要再浪費時間在那個無用的追尋上面，跟我來！」

然後有某種東西發生了，某種好像一個深層溝通的東西，他以前從來沒有像這樣感覺過。在那個片刻，她所做所爲的靈性意義在薩拉哈身上覺醒了。既不向右看，也不向左看，他看到了她——就往中間看。

所以他第一次了解到佛陀所說的「在中間」的意義。首先他是一個哲學家，現在他變成一個反哲學家——從一個極端到另一個極端。首先他崇拜一樣東西，現在他崇拜它的剛好相反之物，然而那個崇拜還是繼續，你可以從左移到右，或是從右移到左，但那將不會有所幫助，中間才是那個「超越」能夠發生的點。

所以薩拉哈首度看到它眞的在那裡，他甚至沒有看到它在斯里克爾提裡面。它眞的在那裡，那個女人是對的，她說：「你只能夠透過行動來學習。」她是那麼地全然專注，她甚至沒有看到薩拉哈站在那裡看著他。她是那麼全然地專注，她完全在那個行動當中，那也是一個佛學的訊息：全然在行動當中就免於行動。

業（Karma）的產生是因爲你並沒有全然在它裡面，如果你全然在它裡面，就不會留下痕跡。很全然地去做任何事，然後它就結束了，那麼你對它就不會攜帶著一個心理的記憶，當你做任何事做得不完整，它就懸在那裡，它會繼續，它是一個殘留物，頭腦會想要繼續去做、去完成它。

頭腦有一個很大的誘惑要去完成事情。完成任何事，然後頭腦就會消失。如果你做任何事，做得很完全，有一天你會突然發現沒有頭腦（做得很完全就不會再去想）。頭腦是過去所有不完整行動的累積。

你想要去愛一個女人，而你沒有去愛，現在那個女人死了。你想要去到你父親那裡，你想要求他原諒你的所做所爲，原諒你對他感情上的傷害，但是現在他已經死了，如此一來，那個殘留物將會被留下來，如此一來，那個靈魂……如此一來，你是無助的，要怎麼辦？要去找誰？要如何去要求原諒？你想要對一個朋友好，但是你不能夠，因爲你是封閉的，現在那個朋友已經不在了，這是傷感的，你開始感到罪惡，你懊悔，事情就像這樣在進行。

做任何行動做得很完整，然後你就能夠免於它，不要往回看。眞實的人從來不往回看，因爲沒有什麼可以看。他沒有殘留物，他只是往前走，他的眼睛完全沒有以前的陰影，他的視野沒有被雲遮住。在那個清澈當中，一個人就會知道眞實的存在是什麼。

你太過於煩惱所有你未完成的行動，你就像一個垃圾場，這裡有一樣東西不完整，那裡又有另外一樣東西不完整，沒有一樣東西是完整的。你有沒有注意看過它？你曾經完成任何東西嗎？或每一樣東西都是不完整的？你一直將一件事擺在旁邊，然後又開始做另外一件事，在那一件事完成之前，你又開始做另外一件事。你的擔子變得越來越重，這就是業。業的意思是沒有完成的行動。

要很完全……然後你就自由了。

那個女人完全專注，那就是爲什麼她看起來那麼發光，看起來那麼漂亮，她是一個平常的女人，但是那個美並不屬於這個地球，那個美的出現是由於完全的專注，那個美的出現是因爲她不是一個極端主義者，那個美的出現是因爲她在中間，很平衡，優雅是從平衡而來的。

薩拉哈第一次碰到一個女人，她不僅身體很美，她的靈魂也很美，很自然地，他就臣服了，那個臣服發生了。完全專注，完全專注在她正在做的，他第一次了解到：這就是靜心。並不是你在某一個特定的期間坐下來重覆一個咒語，也不是你去到教堂，或是去到廟宇，或是去到寺院，而是在生活當中，繼續做一些微不足道的事情，然而是非常專注，而使得那個深奧能夠在每一個行動當中顯露出來。

他首度了解到靜心是什麼，他一直在靜心，一直很努力奮鬥，但是靜心首度活生生地出現在那裡。他能夠感覺到它，他能夠碰觸到它，它幾乎是可觸知的，然後他想起，閉起一隻眼睛而打開另一隻，這是一個象徵，一個佛學的象徵。

突然間，他了解到那個女人閉起一隻眼睛，她閉起一隻眼睛象徵著她閉起了理智和邏輯的眼睛，而她打開的另外一隻眼睛象徵著愛、直覺、和覺知，然後他想起了那個姿勢。

瞄準在那個未知的、看不見的，我們就踏上了去知道「那個未知的」的旅程──去知道那個不能夠知道的。那是眞正的知識：去知道那個不能夠知道的，去了解那個不能夠了解的，去達成那個不能夠達成的……

所以他想起了那個姿勢。瞄準在那個未知的，那個看不見的，那個不能夠知道的，瞄準在那個「一」──那就是目標。如何跟存在成爲一體？那個「非二分」就是目標，在「非二分」當中，主體和客體都消失了，我和你都消失了。

薩拉哈告訴她：「妳不是一個平凡的女箭工，我很抱歉以前認爲妳是一個平凡的女箭工，原諒我，我非常抱歉。妳是一個偉大的師父，我透過你而再生，直到昨天爲止，我都不是一個眞正的婆羅門，從今天開始我是了。妳是我的師父，妳是我的母親，妳給了我一個新生，我已經不再相同了。」

一個門徒跟一個師父—那是一個靈魂的愛的事件，薩拉哈找到了他的靈魂伴侶，他們陷入很深的愛、偉大的愛，那是在地球上很少發生的。她教他譚崔，只有女人能夠教譚崔，她已經具備了那些品質、那些愛的品質，她很自然就有那個關心、那個愛、那個對柔軟的感覺。

薩拉哈在那個女箭工的指導之下成爲一個譚崔行者。現在他不再做靜心了。他曾經有一天離開了所有的吠陀經，所有的經典，所有的知識，現在他甚至離開靜心。這麼一來，謠言開始散佈到全國各地：他已經不再靜心。當然，他又唱歌、又跳舞，但是已經不再做任何靜心，現在，唱歌變成他的靜心，慶祝變成他的整個生活形態。

薩拉哈已經不再嚴肅，譚崔是不嚴肅的，譚崔是一種遊戲的性質，是的，它是眞誠的，但不是嚴肅的，它是非常歡樂的。遊戲進入了他的存在，譚崔是遊戲，因爲譚崔是一個高度發展的愛的形式—愛是遊戲。遊戲進入了他的存在，透過遊戲，眞正的宗教就誕生了。

摘自「譚崔觀」一書
一九七八年第一卷第一章

第十五章

懷著成道

問題：

某件事正發生在我身上——一種充滿的感覺、豐富的感覺，以及在我上半身裡面的擴張，它壓在我的喉嚨，它並沒有抓緊我，它擁抱著我，而且擁抱著在我周遭的每一個人和每一樣東西。男人能夠懷孕嗎？這就好像一個奇怪的懷孕，關於此事，我什麼都不知道。

每一個偉大的詩人都知道，當某些詩正在奮力要被生出來的時候，他會感覺幾乎是女性的，幾乎像一個子宮，而詩正在那裡面成型和成長。對所有創造性的藝術而言，情形都是這樣，但是對於那些正在靜心的人來講，它更是眞實，因爲他們懷著一個佛陀。他們即將要生出他們自己，這是一個非常神秘的現象，它非常像女人的懷孕。

你是在說：「某件事正發生在我的身上——一種充滿的感覺、豐富的感覺、和擴張。」那些就是你舊有的生命即將要消失，而新的生命正在你裡面成形的症狀。本來是空的地方，現在有了充滿。本來是一個貧乏的地方……因爲一切男人所欲求的、所想要的，都只證明一件事情：他是貧乏的，以這個意義而言，你無法找到一個不貧乏的男人，即使最富有的男人也是一樣；他或許什麼東西都有，但是他仍然想要更多，他是一個富有的窮人，一個富有的乞丐。你的貧窮正在消失，而一種富有正在取代它。

每一個人都過著一個封閉的生活。由於害怕——害怕暴露、害怕變得容易受傷，害怕一個人的赤裸——所以一個人繼續隱藏他自己，在他自己的周圍創造出很多道牆，但是當一個人開始靜心，那些牆就開始瓦解，因爲意識需要擴張，它不能夠侷限在一個小的空間，即使整個天空對它來講都太小了。

你正在經歷一個大的蛻變，每一個人在此就是爲了這個蛻變，你說：「這好像是一個奇怪的懷孕，關於此事，我什麼都不知道。」現在你對它將會知道得越來越多，只要避免讓它流產！就男人以他的創造力而言，生育控制是不需要的，越來越多的人必須處於同樣的創造性狀態……

它有一個很深的心理背景必須被了解，男人跟女人相比總是覺得比較差，因爲女人能夠生育，而男人不能夠。女人能夠成爲一個母親——一個新生命的源頭，而男人做不到。作爲它的代替，男人開始尋找，以什麼樣的方式他也能夠成爲創造的和生產的，去摧毀那個自卑感是一個深深的靈性需要。

男人生出偉大的圖畫、偉大的詩、偉大的舞蹈、偉大的音樂——它們都是代替品……你或許可以創造出一個很美的雕像，但它還是死的；你或許可以創造出偉大的音樂，但它是短暫的，它就像一陣風，來了之後就走了；你或許可以創造出偉大的舞蹈，但它不可能是一個活的小孩，一個會笑的小孩，一個能夠看到奇妙世界的小孩，一個能夠呼吸的小孩，一個心會跳動的小孩。

對女人來講，你所有的藝術和創造似乎都是一個可憐的代替品。人們問我很多次，爲什麼女人不是偉大的詩人、偉大的音樂家、偉大的畫家、偉大的雕刻家。原因是：她們能夠生出生命，因此她們覺得不需要去創造任何其他東西。

只有在一點上，只有在一個地方，男人和女人會合，那個我稱之爲「靜心的空間」，在那裡，男人和女人眞的平等，因爲他們兩者都能夠生出他們自己，他們能夠再被生出來，他們兩者都能夠懷著成道。

除了在「靜心的空間」之外，男人和女人是兩個不同的品種，他們只能在深深的靜心當中會合，除非整個人類都是靜心的，否則男人和女人將會繼續跟對方爭鬥，他們的愛總是一波三折，有很美的片刻，也有很醜陋的片刻；有很高興的片刻，也有很痛苦的片刻。

但是在靜心當中，如果兩個靜心者分享他們的能量，愛就是一個經常性的現象，它不會改變，它具有永恆的品質，它變成神聖的。愛和靜心的會合是人生最偉大的經驗。

有愛而沒有靜心就是去生活在一個非常苦惱和被焦慮所折磨的狀態，生活在極度痛苦和憂心之中，總是動盪不安。有一些寧靜的片刻，但是那個寧靜也只不過是冷戰，只不過是要準備另一次的戰爭，就這樣而已。很顯然地，要準備另外一個戰爭，有幾天的時間，有一些片刻，你必須寧靜。

但是到目前爲止，它還是不可能，因爲所有的宗教都決定了一個錯誤的路線，他們決定將男人和女人分開，他們決定使他們成爲敵人。他們都反對我，因爲我正在嘗試一件事：就靜心而言，它不是任何人的專利，它既不是男人的專利，也不是女人的專利。它是唯一的會合點，在那裡男人不再是男人，女人也不再是女人，兩者都只是人，是潛在的神，是神性的種子。

只有愛是辦不到的，因爲它有太多的苦惱，只有靜心也是辦不到的，因爲如果沒有愛，靜心就變成好像墳墓或墓地的寧靜，它就不再是歡舞，它就不再是開花，是的，會有和平，但那個和平好像是死的，它不是活的，那個和平不再有呼吸，那個和平不再有心跳。

我的整個人生一直都只奉獻在一個單一的計劃：如何把愛和靜心放在一起，因爲唯有透過那個會合，一個新的人類才可能。唯有在愛和靜心的會合當中，男人和女人的二分性、男人和女人的不平等，才會消失。

女性的解放運動無法產生效果，我並不直接顧慮到女性的解放，我顧慮到全人類的解放，因爲如果女人沒有被解放，男人也一樣不能夠被解放，他們就好像獄吏和囚犯一樣地互相在運作，他們互相成爲對方的枷鎖。男人既沒有被解放，女人也沒有被解放，他們兩者都生活在被對方所強加上去的奴役之下，而他們希望，或許如果他們奴役別人，他們就能夠自由，但是別人也有他自己的方式來奴役你。

唯有在靜心當中，在寧靜當中，而且在愛的開花當中，人們才能夠不要有任何奮鬥，不要有任何抗爭，而有一個自然的和諧、平等、和一個自然的平衡。當它是自然的，它就有它本身的美。

摘自「叛逆的靈魂」一書
第二十九節，一九八七年

第十六章

誰要成爲一個男人？

問題：

我以爲你什麼都知道，我以爲成道就是這樣：知道。但是你不知道女人，她們互相信任，因爲她們互相知道對方的心。女人對女人的恨是男人所編造的神話，這個神話之所以被創造出來是要使女人保持分開和沒有力量。誰要成爲一個男人？奧修，我極度困擾，你怎麼能夠胡說八道？我的頭腦有一陣發作，我的心也一樣，要怎麼辦？

你說：「我以爲你什麼都知道。」你完全錯了，我什麼都不知道。

如果你帶著這個概念來到這裡，你找錯了人，也來錯了地方。我們慶祝無知！我們摧毀一切知識，我們的整個努力就是要把天眞帶回給你，把你生下來之前就有的天眞帶回給你。修禪的人稱它爲「原始的臉」。天眞是與生俱來的，知識是社會給你的，是你周遭的人或家人給你的。天眞是你的，知識總是別人的。你越是博學多聞，你就越不是你自己。

成道跟知識無關，它是免於知識，它是絕對超越知識，它超越了「知道」。一個成道的人是一個在他和存在之間沒有障礙的人。知識是一個障礙，知識將你自己和存在劃分開來，它使你和存在分開。「不知道」會將你合併起來。愛是一種天眞的方式，天眞是一座橋，知識是一道牆。有誰聽過博學多聞的人成道嗎？他們是離成道離得最遠的。成道只能夠在天眞的土壤上成長。

天眞意味著小孩子般的對萬物感到驚奇、感到敬畏。成道的人是一個繼續對萬事萬物感到驚奇的人，因爲他什麼都不知道，所以每一樣東西都再度變成一個奧秘。當你知道，東西的神秘就被揭開了，當你不知道，它們就再度被神秘化。你知道得越多，在你內心裡的驚奇就越少，你知道得越多，你就越不會感覺到敬畏(awe)的偉大經驗，你就不能夠成爲狂喜的。博學多聞的人背負了一個很重的擔子，所以他不能夠歡舞，他不能夠歌唱，他不能夠愛。對於博學多聞的人來講，神是不存在的，因爲神只是意味著對萬事萬物感到驚奇、感到敬畏、感到神秘，那就是爲什麼當知識在世界上成長，神就變成離得越來越遠。

因爲尼采的博學多聞，他可以宣稱上帝已死，他的確是一位偉大的哲學家，而哲學一定會導致一個結論說沒有神，因爲神只是意味著那神秘的、那奇蹟般的。知識將每一項奇蹟貶成一般的法則，每一種神秘都被縮減成公式。

問博學多聞的人：「愛是什麼？」他會說：「那只不過是化學作用，只不過是男性荷爾蒙和女性荷爾蒙之間的吸引。它不會比磁鐵吸引鐵片來得更重要，它跟正電和負電是一樣的，男人和女人是生物電。」

這樣的話，每一樣東西都被摧毀了，那麼，所有的愛、所有的詩、所有的音樂，都被貶成無意義的東西。蓮花被貶成泥巴，蓮花的確是由泥巴成長出來的，但是蓮花不是泥巴，它不是它各個部份的總和，它比各個部份的總和還更多，那個更多就是神，那個更多就是詩，那個更多就是愛，但是科學沒有地方可以容納那個「更多」，科學將每一個現象縮減成機械式的東西。你知道「科學」意味著什麼嗎？「科學」意味著知識。

宗教不是知識，它剛好是知識的相反，它是詩，它是愛，它基本上是沒有道理的，是的，你可以說我在胡說八道，但那就是它的美。

你說：「我以爲你什麼都知道。」那是你的想法，我在這裡不是要來符合每一個人的想法，我不能夠依照你的想法，我有超過十萬人的門徒，如果我要去滿足每一個人的想法，我將會被撕得四分五裂，被撕成好幾百萬個片斷，我不能夠滿足你對我的概念，那是你的錯，但是，爲時還不晚，如果你想要在這裡跟我在一起，那麼你就要放棄那個概念……

你在這裡是跟一個似非而是的人在一起，是跟一個想要把某種神秘的東西傳達給你，而不是要把知識傳達給你的人在一起，他試著將他對萬事萬物驚奇和敬畏的經驗倒進你的存在裡，它比較像酒，而比較不像知識，他試著把你灌醉，他試著使你蛻變成醉漢，是的，對理性的人而言，它將會看起來好像胡說八道。

那就是西方最重要的思想家之一，亞瑟科斯特勒（Arthur koestler）對於禪的描述，他稱它爲「全部胡說八道。」如果你以理性來看它，它是如此，但理性是去探討眞實存在唯一的方式嗎？還有其他更深、更親近的方式，「不知道」就是最親近的方式。

我不是一個「知識」的人，雖然我使用語言文字，我甚至不是一個「語言文字」的人。

「我是一個話語很少的人，你要嗎？或是你不要嗎？」

「去你家或是到我家。」女人回答。

「看，」他說：「如果要對它討論很多，乾脆讓我們將那整個該死的事情忘掉吧！」

我使用語言，但我不是一個「語言」的人，我使用它只是出自需要，是因爲你的緣故，所以我才必須使用語言，因爲你不了解「無語」。我很熱切地等待我能夠放棄語言的那一天，我十分疲倦……因爲話語不能夠將「我是什麼」傳達出來，而我必須繼續嘗試去做一些不可能的事。

快一點準備好，好讓我們能夠靜靜地坐著來聽樹上的鳥聲或風聲。只要靜靜地坐著，什麼事都不要做，春天自然會來臨，草木自己會生長，那將是我在地球上最終的訊息、最後的工作。

你說：「我以爲成道就是這樣：知道。」你無法去思考成道，任何你所想的一定是錯的，它跟「知道」沒有關係，它是一種存在的狀態。

「但是你不知道女人，她們互相信任，因爲她們互相知道對方的心。」我什麼都不知道，對於女人要怎麼說呢？我甚至連男人都不知道！所以不必擔心那個，如果你知道一個女人是什麼，或一個男人是什麼，要小心你的知識，因爲那並不是眞正的知道，那只是你所搜集的意見。

是的，男人一直都在宣傳反對女人的概念；現在女人正在宣傳反對男人的概念，那是同樣愚蠢的事情！我們一直都這樣在做：我們一直從一個極端移到另一個極端。

現在你說：「女人對女人的恨是男人所編造的神話，這個神話之所以被創造出來是要使女人保持分開和沒有力量。」男人創造出很多關於女人的神話，但是現在女人也在做同樣的事情，她們正在創造關於男人的神話，那跟男人對女人的神話是同樣地虛假，但我不是要在這裡決定那一個神話對，那一個神話錯，我不是要在這裡使你成爲一個宣傳家來贊同女人或反對女人，我的工作在於使你從男人和女人的二分性當中解放出來。

你說：「誰要成爲一個男人？」如果你眞的不想成爲一個男人，你一定不會寫這個。它就好像古代狐狸的寓言，她想要去摘葡萄，但是摘不到，因爲葡萄太高了，她試了又試，但是一再一再地失敗。然後她朝四周望一望，狐狸是非常狡猾的，她要看看是不是有任何人在注意，是不是有任何新聞記者，或是任何攝影師。她看不到任何人，所以她就走開了，但是有一隻小野兎躲在樹叢裡。

他說：「阿姨，到底是怎麼了？」

那隻狐狸挺起胸膛說：「沒什麼，那些葡萄不値得，它們還沒有成熟，它們是酸的。」

爲什麼你要寫：「誰要成爲一個男人？」在你內心深處的某一個地方，你一定是在渴望成爲一個男人。每一個男人都想要成爲一個女人，而每一個女人都想要成爲一個男人，這有一個很簡單的理由，因爲每一個男人都是男人和女人兩者，而每一個女人也都是女人和男人兩者，你是由男性和女性的能量會合所生出來的：一半的你屬於你的父親，而另一半的你屬於你的母親，你是相反兩極的會合，兩個能量的會合。

男人和女人之間唯一的差別是：女人具有女人的意識和男人的無意識，而男人具有男人的意識和女人的無意識。但男人和女人都同時是兩者。

那就是爲什麼能夠成爲男性的同性戀和女性的同性戀，否則那是不可能的，這個現象多少年代以來一直都有在發生，它不是什麼新的東西。原因很簡單：男人只是一半男人，一半女人，那個女人的部份深深地隱藏在黑暗當中。但是意識的部份會疲倦，當意識的部份疲倦，無意識就接管，因此，他或許具有男人的身體，但是他開始好像一個女人在運作。同樣的情形也發生在女性的同性戀者身上：表面上她是一個女人，但是在深處，那個無意識的男性能量佔據了她，事情變得顚倒過來，它也會影響她的生理。

在這裡有一些女性的同性戀者，她們的生理一定會被她們的心理所影響，因爲心理和生理並不是兩個分開的現象，它們聯合在一起。頭腦和身體並不是兩個，你是「頭腦身體」，所以，任何發生在你的生理的都會影響你的心理，那就是爲什麼給你荷爾蒙能夠改變你的心理，現在我們知道一個男人能夠變成一個女人，而一個女人能夠變成一個男人。

我所觀察到的是：在即將來臨的這個世紀裡，有好幾百萬人將會改變他們的性別，那將會是一種新的自由。當你能夠擁有兩個世界，爲什麼一生都要保持侷限在只是一個男人？如果你願意，你能夠改變你的性別。有幾年的時間，你可以保持是一個男人，從男性的觀點來看世界，然後你去動一個簡單的手術而變成一個女人，這樣你就能夠透過女性的眼光來看世界。如果那個過程變得更容易，一個人可能可以改變很多次。它將會變得更容易，那是科學的整個工作：使事情變得越來越容易。如果那個過程變得非常容易，千千萬萬人一定會去改變。

它將會在世界上產生一個很大的自由，但同時會產生一個很大的混亂。有一天，你的先生突然回家，而他是一個女人！或是你的太太渡假回來，而她不再是一個女人……

因爲每一個人都是兩者，要去成爲另一方的慾望存在於每一個人裡面，它一定存在，而且很確定地存在，因此你寫：「誰要成爲一個男人？」

你問我：「奧修，我極度困擾。」那很好！我成功了！我要你完全連根拔起、極度困擾、非常受打擾，我要在你裡面造成混亂，因爲唯有從那個混亂（混沌狀態），星星才會被生出來（先混亂，再朝向蛻變）。

你說：「你怎麼能夠胡說八道？」其他還有嗎!?意義無法被談論……只有無意義（胡說八道）會被留下來，所以我不把它看成一個批評，它是一個恭維，非常非常感謝你，至少你是在講一些有意義的東西。

你說：「我的頭腦有一陣發作，我的心也一樣，要怎麼辦？」我不認爲目前有什麼事可以做，已經太晚了，你不能夠退回去，我將會縈擾著你！你只能夠往前走，放掉你攜帶在你裡面的所有這些概念，放掉這個對男人的敵意，放掉所有這些概念！我既不是爲男人，也不是爲女人，我只是爲超越。

不要把我的笑話看得很嚴肅！你笨到甚至不能夠把笑話看成好玩的。另外一個女人寫到：「奧修，你說了太多反對女人的話，前天你稱她們爲『大嘴巴，此外無他。』」其他沒有人會覺得被冒犯，一個笑話就是一個笑話！但是你爲什麼要那麼易怒？這個女人一定有一個大嘴巴，至少她的先生一定會一再一再地告訴她：「你這個大嘴巴，閉嘴！」她想來這裡聽一些對她的美言，而我卻在講笑話……然後那個大嘴巴就再度介入。

不要把笑話看得很嚴肅，事實上，對任何東西都不要嚴肅，如果你開始對事情嚴肅，你就錯過了那個要點。即使對經典也不要嚴肅，唯有如此，你才能夠了解。了解必須跟隨著一個深的、放鬆的、不嚴肅的、遊戲的態度。當你變得嚴肅，你就封閉了，當你是遊戲的，有很多事情能夠發生，因爲在遊戲的氣氛當中就是創造力，在遊戲的氣氛當中，你能夠革新，但是你的概念一直存在，你無法將它們擺在一邊。

現在沒有什麼事可以做，你是一個門徒，成爲一個門徒意味著你既不是男人，也不是女人，就這樣，這個比賽就這樣結束！

摘自「喔！這個！」一書

第四章，一九八二

第二部份

奧修談女人

有一個古老的梵文傳說，它大概的意思是說，在創造男人之後，造物主採用了月亮的圓形、爬蟲類的曲線、樹葉的輕盈、烏雲的哭泣、老虎的殘忍、火焰的溫柔流動、冰雪的寒冷、和小鳥的喋喋不休，來創造女人，而將她給了男人。

三天之後，男人來到了全能的神面前說：「你給我的這個女人經常喋喋不休、從來不讓我單獨、需求很多注意、佔用了我所有的時間、有事沒事就哭、而且總是賦閒在家，我想請你把她帶回去。」

所以神就把她帶回去，但是很快地，男人就再度回來說：「她以前經常在唱歌跳舞，她從她的眼角注意看著我，她喜歡遊戲，當她害怕的時候，她就抓住我，她的笑聲就好像音樂，她看起來很美，請你將她還給我。」

因此全能的神就再度將她給了回去，但是三天之後，他又將她帶回來，要求神保有她。神說：「不，你不想跟她住在一起，但是你又不能沒有她而生活，你必須想出一個最好的辦法來跟她相處。」

摘自「佛的病」

成爲男性或是成爲女性主要的問題在於心理的層面而不是生理的層面。一個人在生理上可以是男性，但是在心理上不是男性，或者反過來也一樣。有一些女人非常積極而帶有侵略性——很不幸地，這種女人在世界上越來越多——非常積極而帶有侵略性的女人。整個女性解放運動就是根植於這些積極而帶有侵略性的女人的頭腦。當一個女人是積極的，她就不像女人。

聖女貞德不是一個女人，而耶穌是一個女人。在心理上，聖女貞德是一個男人，她的處世態度基本上是積極而富有侵略性的，而耶穌一點都不積極。他說，如果有人打了你一邊的嘴巴，你要將另外一邊的嘴巴也讓他打，那是不帶侵略性的心理。耶穌說：「不要抗拒罪惡。」甚至連罪惡都不要去抗拒！不抗拒是女性優雅的本質。

記住，如果一個男人非常具有接受性，那麼在身體上他仍然保持是一個男人，但是他的內在已經變得更像一個子宮。唯有當一個男人的內在變得女性化，他才能夠接受神。要成爲具有接受性的，要具有全然的接受性，你將需要去學習如何成爲一個女人。每一位眞理的追求者都必須去學習成爲一個女人。

科學是男性的，宗教是女性的；科學是一種征服自然的努力，宗教是一種放開來，將自己融入自然裡面。女人知道如何融化，如何變成「一」。每一位眞理的追求者都必須知道如何融入自然，如何跟自然合而爲一，如何跟著那個「流」走，不要抗拒，不要抗爭，然後你將會了解，那個比例一直都一樣。

在此，你也會看到那個改變在發生。有很多女人告訴我，向我抱怨：「這裡的男人到底怎麼了?他們變得越來越女性化!」的確如此，事情一定會這樣發生。當你變得越來越靜心，你的能量將會變得越來越不具侵略性，你的暴力將會消失，而愛會產生，你不會再有興趣去支配別人，相反地，你會變得越來越被臣服的藝術所吸引，這種情況造就出一種女性心理。

了解女性心理就是了解宗教心理。這種努力尚未被做過，任何以心理學的名義存在的都是男性心理學，因此他們繼續在研究老鼠，而透過老鼠，他們繼續在對人下結論。

如果你想要學習女性心理學，最好的例子就是神秘家，最純的例子就是神秘家，這樣的話，你就必須去研究芭蕉禪師、臨濟禪師、佛陀、耶穌、和老子，你必須去研究這些人，因爲唯有透過對他們的了解，你才能夠了解女性化表現的高峯。

由於很多世紀以來女人都處於被支配的地位，因此宗教已經從地球上消失。如果宗教再度回來，女人就會再度受到尊敬。由於女人被支配、被折磨、被貶爲非實體，因此她變得很醜。每當你的本性不被允許按照它内在的需要來走，它就會變酸，它就被毒化了，它就變殘缺了，它就癱瘓了，它就變得異常。

你在世界上所看到的女人並不是眞正的女人，其中一個原因是，多少世紀以來，她都被腐化了。當女人被腐化，男人也沒有辦法保持自然，因爲畢竟男人也是由女人所生出來的。如果她不自然，她的小孩也不會自然，不管是男孩或女孩，小孩子都必須由她來帶，那些小孩很自然地會受到母親的影響。

女人的確需要一個大的解放，但是時下的女性解放運動是愚蠢的，它是模仿，而不是解放……

我喜歡女人變成眞正的女人，因爲有很多事需要依靠女人，她遠比男人來得重要，因爲在她的子宮裡攜帶著女人和男人，她必須照顧男孩和女孩，她必須滋養兩者，如果她被毒化了，那麼她的奶也被毒化了，那麼她帶小孩的方式也被毒化了。如果女人沒有辦法很自由地去眞正成爲女人，男人也沒有辦法很自由地去眞正成爲男人，女人的自由是男人的自由所必需的，它比男人的自由更是基礎性的東西。

如果女人成爲奴隸——好幾個世紀以來，她們一直都是如此——她也會以一些微妙的方式來使男人成爲奴隸。她的方式是很微妙的，她不會直接跟你抗爭，她的抗爭將會是間接的，它將會是女性化的，她將會又哭又泣，她不會打你，她會打她自己，她會透過打她自己、透過哭泣、透過使用這些甘地的方法來駕馭你。即使最強的男人都會成爲怕太太的。只是藉著使用甘地的方法，一個非常單薄、非常柔弱的女人就可以駕馭一個非常強的男人。甘地並不是那些方法的創始者，它們已經被女人使用了好幾個世紀，他只是重新發現它們，而用在政治方面。多少世紀以來，女人一直都在使用那些方法，但只是使用在家庭裡。

女人需要全然的自由，好讓她能夠也給男人自由。這是必須記住的基本原因之一：如果你使某人成爲奴隸，到了最後，你也會被淪爲奴隸；你無法保持自由。如果你想要保持自由，那麼你就要將自由給別人，那是成爲自由的唯一方式。

摘自「佛陀法句經」第七卷

沒有人能夠愚弄女人，簡單的理由是：她不透過邏輯來運作，她透過愛來運作，透過心來運作。她的過程是不合邏輯的，她會直接跳進結論，她不會爭論，但是她會立刻走到結論，她的過程就好像一個量子跳躍，她會立刻了解，她可以直接看穿，你越想躲避她，她就越容易找到你。

女人是強而有力的，不是就肌肉的力量來說，而是就她們的抵抗力而言，就她們的生命力而言，就她們的耐力而言。我一定會有一點害怕，因爲我的整個工作都要依靠她們。

社區由女人來經營，這是第一次——整個人類歷史上的第一次。我故意把更多的權力放給女人，因爲就我的了解，她們的運作是優雅的、有洞見的、有愛心的、慈悲的，而不是粗魯的。既然我以她們作爲我這座廟的支柱，我就不能說她們的壞話！

所以，任何我對女人的談論，你們都要非常仔細地聽！

她們在很多方面都比男人更強而有力。現代的研究顯示，她們在性方面比男人更強而有力。如果在性方面，她們比男人更強而有力，那麼很自然地，在心靈方面，她們也一定更強而有力，因爲心靈能量是由性能量蛻變而來的。

如果一個女人眞的進入性高潮的喜悅，她將會開始說出一些沒有意義的話。只是爲了純粹的喜悅，她會發出喜悅的呼喊，比方說：「哈利路亞！」它並不意味著什麼，那個意義遠遠地被拋開，它具有很大的強度和熱情在裡面。

男人會害怕，因爲所有的鄰居都會知道你在跟你的女人作愛，有時候警察會來，狗會開始叫，各種事情都可能發生！以前的人生活在大家庭裡，一家裡面可能住了上百人，而一個女人進入性高潮的喜悅會搞得大家都很混亂。

之後還會有更多的問題……當一個女人進入性高潮的喜悅，她具有多重性高潮的能力，那是男人沒有能力去滿足的。男人只能夠有一次性高潮，而女人可以有多重性高潮——十二次、十五次、或二十次，這樣的話，男人要怎麼去滿足她呢？要不然就是他會覺得遭到挫敗、感到羞恥、感到自己的貧乏、或是感到丟臉，要不然就是他必須叫他的朋友們來幫忙！那也是對他自我的一種打擊……

由於恐懼，因此男人壓抑了所有女人性高潮的能力。有無數的女人活過，然後死掉，但是她們從來不知道她們有經驗高潮的能力，而如果你不知道你能夠有大的性高潮的爆發，你將無法了解任何關於靈性的事，它對你來講將幾乎不可能。女人在性方面比男人更強而有力，就是因爲她具有強大的力量，因此她遭到了壓抑。由於恐懼，男人就對她壓抑。

你說得對，我是有一點害怕。我知道得很清楚，我正在做的事是以前從來沒有被做過的，所以我必須進行得很小心。它是一種新的試驗，但是有很大的可能性會從這個試驗導出。如果這個試驗能夠在小規模成功，那麼它也能夠在大規模成功。

我自己的看法是，即將來臨的年代將會是女人的年代。男人嘗試了五千年，但是失敗了，現在必須把機會讓給女人，現在她必須擁有一切的權力，她必須有機會拿出女性的能量來運作、來工作。男人全然失敗了。在三千年裡面有五千次戰爭，這就是男人的記錄。男人只管殺戮，好像他的生活只是爲了戰爭。在兩次戰爭之間有一些空檔的日子，我們就稱之爲太平的日子，其實它們並不是太平的日子，它們只是在準備新的戰爭的日子，他們在準備另一次新的戰爭。是的，需要幾年的準備時間，然後又再度戰爭，然後我們就繼續再互相殺對方，夠了！男人已經被給予足夠的機會，現在女性能量必須被釋放出來。

我的社區將要根植於女性的能量或母性的能量。對我而言，神比較是一個「她」，而不是一個「他」。「她」是比較好的，因爲「她」包含了「他」，而「他」不能包含「她」。

摘自「佛陀法句經」第七卷

男人的頭腦和女人的頭腦之間有一個差別：它們的運作方式是不同的。它們是相反的兩極，這一點永遠不要忘記。就靈性上而言，他們完全相同，但是在心理上，他們是分開的兩極，他們以不同的方式在運作。

比方說，男人比女人更身體指向，男人比女人更外向，女人比較心理指向，比較內向，那就是爲什麼有那麼多像「花花公子」的裸體女人雜誌在市面上發行，而且賣得很好，世界上到處都有很多色情畫存在，但這些全部都是男人的念頭。女人對裸體的男人並不像男人對裸體的女人那麼有興趣。

當一個男人和一個女人處於一種很深的愛的擁抱之中，女人會立刻閉起她的眼睛。當你吻一個女人時，她會閉起她的眼睛，但是男人會看著他自己在吻那個女人，看著那個女人在被吻，看著她的反應，密切注意著看看她有沒有達到高潮。他多多少少保持是一個局外人或一個旁觀者，他對觀看比對融入更有興趣，而女人只是閉起她的眼睛，她比較少去顧慮男人，以及有什麼事發生在他身上，她比較顧慮內在的感覺，以及內在的發生，因此女人對色情畫沒有興趣，她們眞正的興趣在於她們內在的過程。

這些差別非常大，因此它們形成了不同的生活形態。

你說得對，現代的研究的確找出來一個看起來非常奇怪的事實，然而它並非眞的那麼奇怪。男人結婚比不結婚來得快樂，因爲當他們沒有結婚，他們會覺得很孤獨，當他們結了婚，即使那個婚姻很痛苦，還是比孤獨好，至少有一些事情可以讓你去忙。痛苦也會讓你有事做。男人總是想要繼續保持忙於外在的事情，好讓他不需要向內走，好讓他能夠使他的眼睛保持張開。

女人對外在比較不那麼有興趣，所以當一個女人沒有結婚，她會覺得是單獨，而不是孤獨，她比男人更能夠享受她的單獨，因爲她比較內在指向。就某方面而言，她比較自私。在此，我是以一種非常正向的意義來使用「自私」這個字，她是自私的（利己的），她是以自我爲中心的。男人是以他人爲中心的，他經常在想著別人。

女人想她自己想得比較多，最多她只會對鄰居有興趣——誰跟誰在鬼混。她不會對越南或伊朗太關心，她只是覺得有一點大惑不解，爲什麼男人對越南那麼有興趣，你跟越南有什麼關係，它離得那麼遠，爲什麼要去管它？

我從來沒有碰過一個女人問我關於「如何證明神」這件事，它離得太遠了！從來沒有一個女人問我：天堂眞的存在嗎？地獄是眞實的嗎？她不會去顧慮這些事情，她對跟她比較接近的事情才會去關心，她對衣服比對神來得更關心！而男人認爲所有這些女人的興趣都很愚蠢。當有那麼偉大的主題存在，女人居然還有時間去關心衣服！她不會去討論共產主義、馬克斯、毛澤東、或甘地，最多她只會基於禮貌來聽這些事情。她的興趣在於你這件衣服是在那裡買的，在於你衣服的質料，以及誰看起來比較漂亮。她關心跟她接近的東西或人，她所顧慮的是她自己。

因此她比男人更可以以一種健康的方式來保持單獨，而男人覺得非常孤獨。如果他拿不到早上的報紙，他就會心神不寧！他必須知道關於整個世界的事——有什麼事發生。他無法保持單獨。即使在他的單獨之中，他也會創造出一些假想的存在——神或天使——以及假想的難題：有多少個天使可以同時站在一個針尖上？他會眞的去進入那個難題，他會浪費他的整個生命來數那些天使，他會爲此等事爭論個沒完沒了！而女人只會在一旁冷笑。在深處，女人知道說男人就是男人，讓他們去胡說八道！他們稱之爲哲學或神學，他們非常有技巧地給予那些愚蠢的事情偉大的名字！

那就是爲什麼如果男人很孤獨，他就會自殺，婚姻對他來講是必需的，在很多方面，他都需要女人。首先，她能夠給他歸於塵世的感覺。女人非常世俗，她跟塵世連結在一起。在世界上所有的神話學裡，她都代表塵世。女人給男人根，來進入塵世，否則，如果沒有女人，他就沒有塵世、沒有根，只是懸在空中。女人給他一個巢，對他來講，女人變成一個家。如果沒有女人，他是沒有家的，他是一個流浪漢，他是一塊到處漂流的木頭。

一定會有衝突，一定會有痛苦，一定會有經常的嘮叨，那是避免不了的，因爲他們是相反的兩極，他們的興趣從來碰不在一起，因此女人必須嘮叨，否則男人永遠無法滿足她的慾望，而男人必須讓步。漸漸、漸漸地，如果男人夠聰明的話，他會變成怕太太的，只有非常愚蠢和非常頑固的人不會變成怕太太的。只要稍微聰明一點，男人就能夠了解：最好是聽她的話，否則她一天二十四小時都會盯著你，不會讓你有任何休息的機會，最好是按照她所說的話去做，然後了結，好讓你能夠安心看你的報紙！

一切的嘮叨和一切的痛苦都可以忍受，因爲女人滿足了一種非常深的需要：她使你跟塵世連結，她照顧你的身體。她對你的靈魂不太關心，那個她留給你自己去思考，但是她滋養你的身體，她滋養、她關心、她愛，她使你覺得被愛、被需要，她給你一種很深的滿足，如果沒有她，你就不知道你是誰，如果沒有她，你一直都是一個走失的小孩，她可以像母親一樣地照顧你。

因此結了婚的男人比沒有結婚的男人來得更快樂，它不應該如此，因為沒有結婚的男人沒有問題，而結了婚的男人必須面對很多問題，所以，按照邏輯推理，結了婚的男人比沒有結婚的男人來得更快樂，這似乎是一件非常奇怪的事，但是生命並不按照邏輯，生命有它本身奇怪的方式。沒有結婚的男人沒有根、沒有滋養、沒有溫暖，他是冷的，他生活在一個冰冷的世界，他會繼續萎縮和死掉。女人給予溫暖、給予生命，使他覺得安適，幫助他保持凝聚，如果沒有女人，他會開始散掉。

但是女人保持單獨可以比結了婚來得更快樂，因為她可以不要男人就使自己根入塵世。對她來講，男人並不是那麼需要，她能夠比男人來得更獨立，她比較獨立。

就是因為女人比較獨立，所以長久以來，男人都試圖使她在其他方面處於依靠的狀態，比方說在經濟方面和社會方面。就自然而言，她是比較獨立的，這種情況會傷及男人以及他的自我，所以他使她在某些方面處於依靠的狀態，男人替女人創造出人爲的依靠。在經濟上，她是癱瘓的，她必須依靠男人，這是男人的慰藉，如果他依靠她，她也依靠他，它是一種補償和一種慰藉。就政治上和社會上而言，她被丟出了社會，她被迫待在家裡，好讓男人能夠覺得：「不是只有我必須依靠女人，女人也必須依靠我。」這是自我的一個心理策略，這是男性自我的一個心理策略，否則，如果女人被給予全然的自由——經濟上、社會上、和政治上的自由——那麼男人跟她相比一定會顯得較差。

在母性社會裡，男人是較差的。地球上還存在著少數以母性爲主的部落，那些部落由女人來掌權，在那些部落裡，女人比較強，對她們自己比較有自信，而男人是弱者。

的確，女人在很多方面都比男人來得更強，她比男人更長壽，平均比男人多活五年。如果男人的平均年齡是七十歲，那麼女人的平均年齡將會是七十五歲，她比男人多活五年。爲什麼呢？她一定具有更強的抵抗力。在生下十到十二個小孩之後……只要想想一個男人生下十到十二個小孩，他一定早就完蛋了！只要將一個小孩攜帶在你的子宮裡九個月，你將會想自殺！或者，如果它太難了，那麼就試著去帶一個小孩，你將會想要殺死那個小孩，或者你將會想自殺！

女人對事情有很強的抵抗力和很強的耐力，女人比較平衡。就生理上而言、就生化上而言，她比較平衡，那就是爲什麼她看起來比較美，她的美根植於她生理上的平衡。

它就像這樣：如果一個人具有兩個細胞，一個來自母親，另一個來自父親，每一個細胞都由二十四個較小的細胞所組成，那麼男人具有兩個細胞，其中一個由二十四個細胞所組成，另外一個由二十三個細胞所組成；而女人具有兩個細胞，每一個細胞都同樣由二十四個細胞所組成，女人比較平衡。

男人具有一種內在的不平衡，因此他比較容易發瘋，他很容易就會發瘋，任何女人都可以迫使任何男人發瘋，它是很容易做到的！女人比男人更少生病，男人比較容易生病，他們遭受更多的疾病之苦。相對於每一百個女孩，會有一百一十五個男孩出生，等到他們成長到結婚年齡，就會有十五個男孩消失，到結婚年齡的時候，剛好剩下一百個女孩對一百個男孩。大自然多生了十五個男孩，它知道得很清楚，那十五個遲早都將會死，所以到了結婚年齡的時候，男孩和女孩的比例是一樣的。

沒有結婚的女人比較能夠安於自處，如果她們沒有在政治上和經濟上受到限制，她們會喜歡保持不結婚，或許那就是爲什麼男人使她們在政治上、社會上、和經濟上變得那麼無助的原因之一，爲的是她們必須決定去結婚，否則有很多女人會喜歡保持不結婚，即使她們想要當母親，她們也會喜歡變成不必有婚姻關係的母親。是的，在女人裡面有一個很大的需要要成爲母親，但是並沒有很大的需要要成爲一個太太。

男人的需要比較是在生理上的，而女人的需要比較是心理上的，因此在婚姻關係裡，女人總是覺得好像她被剝削了，而她的感覺是對的，因爲男人的興趣是屬於性的，而女人的興趣遠比男人的興趣來得更整體性，它並非只是屬於性的，性或許只是那個整體性的一部份。但男人的興趣基本上是屬於性的，其他每一件事都只是裝飾性的，而不是主要的。他對性具有持續的需要，簡單的理由是：他們的性慾非常不同。

男人具有局部的性慾，他的性侷限在生殖器官，它並沒有散佈在他的整個身體。而女人的性慾是整體的，她的整個身體都是性的，它並非只侷限在生殖器官，因此女人在眞正進入作愛之前需要有較長的挑情，而男人總是急急忙忙，他的愛只不過是一種打了就跑的事件！女人甚至都還沒有暖身，男人就在穿衣服要走了，男人已經辦完事了！他的性慾侷限在生殖器官，女人比較整體性，她的整個身體都具有很深的性慾在裡面，除非她的整個身體都涉入，否則她無法達到高潮經驗。如果她無法達到高潮經驗，她就會變得對性沒有興趣。因此太太們對性沒有興趣。男人的整個興趣在於性……

對男人而言，性並不是一種心靈的現象，而只是一種生理上的發洩；對女人而言，它是一種心靈的現象，因此女人總是覺得被冒犯了。除非在這個偉大的心靈經驗當中有愛的發生來作爲它的一部份，否則她無法在這件事裡面合作。是的，她可以以一種冷淡的方式來作爲它的一部份。就是因爲有這樣的情況存在，所以有無數的女人已經完全忘掉性高潮意味著什麼，她們已經僵掉了，那是由於男人對男女之間不同的不了解。

關於這一點，每一個男人和每一個女人都需要接受完整的教育去了解說他們是不同的，他們的生理是不同的，他們的心理也是不同的，他們必須互相去了解對方的心理和對方的生理，他們必須接受教導。每一所大學都必須幫助學生來了解男女雙方的生物和心靈層面，然而在這一方面的教導卻很少。

性是一種禁忌，不要去談論它，人們以爲我們一生下來就具備了一切所需要的知識，那簡直是無稽之談！你或許會生孩子，那是可能的，但那是不夠的。

性具有更深更深的意義，它並非只是爲了繁殖，它具有多層面的品質，它也是一種樂趣、它是遊戲、它是祈禱、它是靜心、它是宗教、它是靈性。性是全光譜，它是整道彩虹，它具備了所有的顏色，從最低的到最高的。

完整的教育是需要的，好讓男人能夠了解女人，能夠幫助她走向性高潮的頂峯，女人也可以藉著了解男人而來幫助他。

摘自「佛陀法句經」第七卷

在這裡有一些線索給你。

如果你想要過一個平靜的生活，那麼就找一個普普通通的女人，你的生活將會過得很平靜——當然，那是不會有喜悅的。你無法兩者一起擁有。它將會很平靜，完全平靜，但是在它裡面將不會有狂喜，它將會好像你已經死掉一樣，將不會有興奮。它將會很平淡，就好像輪胎沒有氣一樣，陷住在某一個地方……

第二種方式是：冒個險，愛上一個漂亮的女人。將會有很大的興奮和狂喜，但是你也將會有麻煩，天堂和地獄是一起來的。你將會有少數幾個天堂的片刻，但它們是值得的，儘管會有地獄隨之而來，那也是值得的。它將會給你一個人生的教訓，一個人就是要經歷過這些事才會成佛。如果沒有女人，就不會有佛，關於這一點，我完全可以確定。如果沒有女人，就不會有宗教、不會有佛、不會有馬哈維亞（耆那教鼻祖），他們的發生都是因爲女人。

有很多女人問我：「爲什麼沒有女人成道？」她們怎麼會成道？要由誰來驅使他們成道？這是重點。她們驅使男人成道。男人在生命中找不出其他的方式，所以就成道了，就這麼簡單！我以前尚未回答過這個問題，但是今天我想最好將它說出來，然後一了百了，以後不要再問我：「爲什麼女人不會成道？」她們沒有這個需要！她們的功能就是要使男人成道——逼他們發瘋——所以遲早他們必須開始靜心，遲早他們會想要單獨。他們已經走進窮途末路！他們的夢破碎了，他們從幻象中醒悟過來，那是女人所做出來的偉大工作，全部都應該歸功於女人。

佛陀、馬哈維亞、老子、和莊子，他們之所以可能，只是因爲女人一直在逼他們：不是成道就是發瘋！而他們決定要成道，他們說：「成道比較好。」去經歷過那個經驗是好的。

所以，要挑一個漂亮的女人，然後全心全意地投入……不要有任何保留。

你愛得越深，你就會越快解脫，你越熱情地進入，你就會越快走出來。

摘自「我就是那個」

男人偶而會需要愛，但是女人一天二十四個小時都生活在愛裡面。男人還有很多其他的興趣，愛只是他的興趣之一，但是女人沒有其他的興趣，她的整個興趣就是愛。其他興趣可以由那個愛衍生出來，但它們是愛的一部份，它們無法跟愛相比。因此男人永遠都可以爲他的藝術、爲他的音樂、爲他的靜心、或是爲宗教而犧牲愛，他可以很容易就拋棄愛，它只是他的興趣之一，而不是他的整個存在，但是女人做不到這樣。

就是因爲有這個事實，所以你無法找到有很多女人成道，因爲在女人之中沒有人下功夫去研究如何成道，成道基本上是男人的興趣，當然，當它是一種男性的興趣，愛就必須被拒絕，愛是一種不必要的分心，因此所有的宗教都反對愛。

在此，我的努力是多層面的，我正在試著做很多事，現在時候已經到了，可以讓愛找出一個方式來走向成道，好讓女人也能夠成佛，這樣的事在過去尚未發生。

你知道耶穌、穆罕默德、馬哈維亞、莊子、列子、和查拉圖斯特，但他們都是男人。除非女人開始成道，否則整個人類將會保持偏頗，平衡將不會存在；除非女人成道，否則她們無法眞正自由，因爲成道是最終的自由。女人的自由無法透過一些愚蠢的運動——比方說女性解放運動——而得到，它只能夠透過一種完全不同的方式而來：女人必須學習如何成道。如果我們能夠在世界上創造出一些女性的佛，女人將能夠免於所有的枷鎖。

這個一點都不困難，事實上是沒有人去管它，沒有人去思考它，女人從來不被列入考慮，她一直都被忽視，她從來沒有被給予跟男人同樣的地位，她一直都被認爲只是次要的，但是因爲這樣，所以整個人類都在受苦。

成道是每一個人與生俱來的權利。

男人可以很容易走靜心的路線，但是女人可以很容易走愛的路線。愛就是她的靜心。具有愛心、全然地愛、無條件地愛，那就是她走向光、走向神性的路。透過愛，女人將會有一個新生，她將會變成一個光的小孩，一個月光的小孩……

你可以看到有千千萬萬個女人圍繞在我的周圍，它以前從來沒有發生過，它一直都是男人在操控的生命追求。有很多年的時間，甚至連佛陀都拒絕女人，他反對這件事，因爲他在害怕，而我可以了解他的害怕。他的整個方法是男性指向的。他害怕說，如果女人被允許成爲門徒，那麼男人一定會分心。他們一定會開始墜入愛河，然後整個方法就會受到打擾，整個過程就會受到打擾。

馬哈維亞——另外一個跟佛陀處於同一範疇的成道之人，他創立了耆那教，他說：女人唯有在下一世再被生成男人才能夠成道。在這一世裡面，如果她們是女人，一切她們所能夠做的就是下功夫在「被生成男人」，唯有到那個時候，她才可能成道——不是透過女人的身體，首先她們必須先求得男人的身體。我可以了解他這一句話的意思。他的方法就是這樣——不留給愛任何空間。

抹大拉的馬利亞比耶穌的其他任何門徒都更愛耶穌，但是她並沒有被接受成爲一個使徒，倒是那十二個蠢材成爲使徒！當耶穌被釘在十字架上的時候，他們都逃走了。他被三個女人從十字架上取下來，而所有的使徒都逃走了。甚至連耶穌對女人都沒有顯示出任何尊敬，甚至連對他自己的母親，他都不太尊敬。

有一次當他在對群衆演講時，他的母親來看他，有人喊說：「你母親在外面等著要見你。」他回答說：「請你告訴那個女人說：沒有人是我的父親，也沒有人是我的母親。」「告訴那個女人……」這種說法是醜陋的，但是所有男性指向的方式都是這樣。

我的努力是要同時爲女人創造出一條路，因爲除非她們在宗教上是自由的，否則她們在其他方面將不會自由。宗教的自由是所有其他自由的核心。即使到了現在二十世紀，還有一些宗教不允許女人進入他們的廟裡，他們不允許女人成爲教士，沒有女人可以成爲教皇。

這是醜陋的，這是不必要的暴力，這是一種陳腐的過去仍然停留不去，它必須完全結束掉。

就好像靜心能夠引導到成道，愛也能夠引導到成道，它們是不同的途徑，但是它們可以到達同樣的頂峯。

摘自「我並沒有像你想像中的那麼醉」

有很多女人寫信給我說：爲什麼在你的社區裡，男人那麼怕我們？

男人一直都在害怕，這並不是什麼新鮮事。有一個男人跟一個女人住在一起，他覺得害怕，但是沒有辦法處理，現在在這裡，他所看到的都是女人、女人、女人，他變得眞的很害怕。他的害怕有生物學上的原因。

女人有能力達到多重的性高潮，但是男人沒有辦法。就性方面而言，男人跟女人比起來是差很多的，沒有一個男人有能力滿足任何女人。如果女人被允許自由的話，她將會使任何一個人感到害怕，因爲她會使你覺得非常低劣，她有能力達到多重性高潮，在幾秒鐘之內，她就能夠有很多次的性高潮，而男人只能夠有一次性高潮，在一次性高潮之後，男人就結束了！她甚至還沒有開始，你就結束了，那是非常尷尬的，因爲有這個恐懼，所以全世界的男人都在壓抑女人。

並不是說男人比較強，所以他壓抑女人，不是這樣，那是因爲恐懼的緣故。

男人摧毀了女人性高潮的能力，長久以來，男人都說只有男人才可能有性高潮，女人不可能有性高潮。他教導女人在性的關係裡要變得完全不活生生。好幾世紀以來，他都告訴她們、制約她們、催眠她們說在性關係裡面保持靜靜的、不動，這樣比較像女人、比較像淑女，所有的動作都由男人來做，一切都由男人來主動。

因此是男人在作愛，而不是女人在作愛，女人就只是在那裡，是一個寧靜的伴侶，原因來自他很大的恐懼，因爲如果她變成一個活躍的同伴，她就會將男人貶成幾乎什麼都不是。如果她變得很活躍，男人將會非常害怕，他要如何來滿足她？他所有的男性自尊都將會瀕臨危險，他將不能夠再誇口說他是一個男人，他是較高的、較優越的。就性而言，他並非如此；就性而言，他是很差的。在肌肉方面，他或許比女人更強，但是在性方面則不然。

在非洲甚至有一些國家，他們對小女孩施以手術，將她們的陰蒂割掉，那是一個非常疼痛的手術，爲的只是要使她們沒有任何性高潮的概念。在蘇丹，你無法找到一個曾經經驗過性高潮的女人，因爲她們性高潮的運作機構已經被破壞了，她們的陰道比較像是一個傷口，而不是健康的器官。到底是那來的恐懼！要切掉她們的陰蒂，如此一來，她們將變得永遠都比較低劣……

在我的社區裡，那是一個完全不同的現象，古老的禁忌被打破了，古老的約束被丟入風中。我完全贊成自由，尤其是性的自由，因爲所有其他的自由都根植於性的自由。如果一個男人或一個女人不處於性高潮之中，他並不是活的，她也不是活的，他們是死的。他們會呼吸、會吃東西、會走路，但那並不是生命，他們只是像植物一般在過日子。

有一個科學家對某一種魚做實驗，在那種魚裡面，每當雄性的魚接近雌性的魚，她就以一種非常賣弄風情的方式游開，帶著引誘、帶著吸引、帶著邀請，但是她會開始逃開，她並不是眞的要逃開，而是假裝要逃開，那會使雄性的魚興奮起來，他會開始追逐她。他越追逐她，他就變得越興奮，他的熱情就被激起了，然後，當然，以一種非常具有外交手腕的方式，雌性的魚就讓他跟她作愛。

有一個名字叫作羅連滋的科學家訓練一隻雌性的魚以剛好相反的方式來做：每當她碰到雄性的魚，她就主動去接近他，跳到雄性的魚身上。羅連滋感到非常驚訝：每當有這樣的事發生，雄性的魚就非常非常害怕。雄性的魚簡直無法相信他自己的眼睛：「到底是怎麼一回事！」因此雄性的魚無法作愛——一種突發的性無能！

那個運作過程以一種特定的方式在運作：雌魚必須吸引，同時保持不可親近，但並不是完全不可親近，如果完全不可親近將會摧毀整個遊戲，所以只能假裝不可親近，那才能夠激起雄魚的能量，使得雄魚變得越來越有興趣，越來越著迷，使得牠可以發揮到最佳狀態，當牠發揮到最佳狀態，牠很容易就可以作愛，因爲不管是人或老鼠，雄性的頭腦都一樣，雄性的頭腦都想要征服！

我就像另外一個羅連滋，這個社區是一個池塘，我正在訓練雌魚去擁抱每一隻雄魚！

摘自「佛陀法句經」第九卷

有無數的男人和女人都對結了婚的人比較有興趣。第一，沒有結婚的人顯示出還沒有人欲求他或她，結了婚的人顯示出已經有人欲求他。你是那麼地善於模仿，你甚至無法依你自己的意思來愛。你是如此的一個奴隸，當有人去愛一個人，你才會跟著愛，但是如果那個人是單獨的，沒有人愛上他，那麼你就會懷疑，或許那個人並不值得，否則他或她爲什麼要等你！

結了婚的人對喜歡模仿的人有很大的吸引力。

第二，人們愛得少——人們事實上並不知道愛是什麼——而競爭得多。那個人是已婚的……那麼你就變得有興趣；或者那個女人是已婚的……那麼你就變得有興趣，因爲如此一來就有競爭的可能性產生。三角關係的抗爭是可能的，那個女人並不是常常都有空，所以需要一些爭鬥。

事實上，你對那個女人並沒有興趣，你的興趣在於爭鬥，如此一來，那個女人幾乎就成爲一件商品，你可以爲她抗爭，你可以證明你的男子氣概，你可以取代她先生，你會覺得非常好——這是自我的旅程，而不是愛的旅程，但是你要記住，一旦你擺平了她先生，你對那個女人就不再有興趣了，你想要跟那個男人對照來證明你自己：「看，現在我是對一個沒有結婚的女人有興趣。」你會再度到別的地方去尋找抗爭，你一直都會使它成爲三角關係，這並不是愛。

在愛的名義之下有嫉妒、有競爭、有侵略、有暴力，你想要證明你自己，你想要跟那個男人相比來證明你自己：「看，我帶走了你的女人。」一旦你帶走了那個女人，你對那個女人就一點興趣都沒有，因爲她並不是你所欲求的東西，你所欲求的是勝利……

另外一件事：結了婚的女人並不是很容易就可以得到。那也會使你產生慾望。容易取得會扼殺慾望。那個女人越是不可接近，越是不可獲得，那個慾望就會越大。你可以夢想她。事實上，要實現的可能性並不很大。對於一個結了婚的女人，有很多機會可以使你變得很浪漫，你可以用你的幻想來玩。她很難得有機會可以陪你。你對未婚的女人没有興趣，因爲她們無法給你很多浪漫的機會。如果你有興趣，她們就有時間，在這之間並没有什麼阻礙的因素，你等待的時間也不會很長。

有很多人並不是對愛有興趣，而是對等待有興趣，他們説等待遠比愛來得更美。就某方面而言，它是如此，因爲當你在等待，你是在投射，你是在作夢。當然，你的夢就是你的夢，你可以盡可能編織成你所想要的那麼美。

眞正的女人將會粉碎掉你所有的夢。人們害怕眞正的女人。一個結了婚的女人可以比未婚的女人來得更不眞實……

人們愛上一個已婚的女人——這是一個蓋了一半的房子，它是一個詭計。他們可以相信說他們已經墜入情網，他們同時可以避開它。

愛會產生出很大的恐懼，因爲愛是一個挑戰，一個很大的挑戰。你必須成長，你不可以保持幼稚和不成熟，你必須去面對人生的事實。你們所謂的偉大的詩人幾乎都是很幼稚、很不成熟的人，他們仍然生活在孩提時代的仙境，他們不知道現實生活是什麼，他們不允許事實的眞相進入到他們的夢裡。

女人肯定是一個虛構事實的摧毀者，她不會去虛構，事實上，她就是眞實。所以，如果你想要相信說你已經墜入情網，而且你也想要避開愛，那麼去愛一個已婚的男人或女人是很好的、很安全的。這是非常狡猾的，這是一種欺騙，一種自我欺騙。

女人也害怕愛上一個自由的男人，因爲面對一個自由的男人或女人，你就必須涉入，一天二十四個小時都必須涉入。面對一個已婚的女人，那個涉入就沒有那麼大。你可以偷幾個吻，你可以在某一個黑暗的角落跟他會面——總是害怕她先生或許會出現，或是有人會看到。它一直都是只有半個心，它一直都是匆匆忙忙的，你無法知道眞實生活裡的她，你只知道她畫好的臉，你只知道她的外在表現，而不知道她的眞實。

當一個女人走出她的家而準備上街去購物，她就不再是同一個女人，她幾乎變成不同的一個人，現在她變成一個經過粉飾的女人，她變成一個表演者。女人是偉大的女演員，在家裡，她們看起來不會那麼美，走出家裡，她們突然變得非常美，很喜悅、很高興、很快活，她們再度變成一個熱愛生命的、喜歡發笑的小女孩。她們的臉變得不同、發出光芒。她們的眼睛變得不同，她們的化裝，她們的表現。

當你看到一個在沙灘上或是一個在購物中心的女人，你所看到的是一個完全不同的事實。跟一個女人整天生活在一起是非常世俗的，它一定是如此。但是如果你眞正愛上一個女人，你就會想要知道她的眞相，而不是她虛構的外表，因爲愛只能夠跟眞相並存。愛能夠知道眞相，而且還能夠去愛她；愛能夠知道所有的瑕疵，而且還能夠去愛她，愛具有無比的力量。

當你跟一個人整天都生活在一起——不管是男人或女人——你就會知道他所有的瑕疵——一切好的和一切壞的；一切美的和一切醜的；一切好像光

的東西，以及一切好像黑夜的東西，你會知道她整個人。愛具有足夠的力量去愛別人，在了解一個人可能的瑕疵、限制、和脆弱之後，仍然有足夠的力量去愛。

但是這個虛構的愛沒有足夠的力量，它只能夠愛一個銀幕上的女人，它只能夠愛一個小說裡的女人，它只能夠愛一個詩歌裡的女人，它只能夠將女人當成一顆遠方的星星來愛，它只能夠愛一個不眞實的女人。

眞正的愛是一個完全不同的層面，它是愛上眞實，是的，眞實會有瑕疵，但是那些瑕疵是成長的挑戰。每一個瑕疵都是去超越它的一個挑戰。當兩個人眞正相愛，他們會互相幫助對方去成長，他們會互相洞察對方，他們會互相成爲對方的鏡子，他們會互相反映對方，他們會互相幫助對方、互相支持對方。不論是在美好的時光，或是在暗淡的日子，不論是在快樂的時候，或是在悲傷的時候，他們都在一起，他們都互相涉入——所謂的涉入就是如此。

如果我只是在你快樂的時候跟你在一起，而在你不快樂的時候不跟你在一起，那就不叫涉入，而是剝削。如果我只能夠在你流動的時候跟你在一起，而在你不流動的時候就不跟你在一起，那麼我就根本沒有跟你在一起，那麼我就是不愛你，我只愛我自己，我只愛我的歡樂。「當你很歡樂的時候，很好；當你變得很痛苦，我就將你抛開。」這不是愛，這不是涉入，這不是承諾，這不是對另一半的尊敬。

愛上別人的太太很容易，因爲他必須去遭受現實之苦，而你可以享受那個幻象，這是一個非常好的分工，但這是不合乎人性的，人性的愛是一種偉大的相遇，唯有當透過這種相遇而有成長的發生，那才叫做愛，否則它算是那一種愛？

愛人在每一方面都互相被對方所提升，當愛人在一起的時候，他們能夠達到更高的快樂的頂峯，不僅如此，當他們在一起的時候，他們也會達到更深的悲傷。他們快樂和悲傷的範圍變得很大，愛就是如此。當你單獨一個人的時候，如果你哭泣，你的眼淚不會有太深的深度。你是否曾經仔細觀察過？當你單獨一個人，你是膚淺的，而當你跟別人一起哭，那麼就會有一種深度，你的眼淚會進入一個新的層面。當你單獨一個人的時候，你可以笑，但你的笑將會是膚淺的。事實上，它帶有瘋狂的味道，只有瘋子會自己一個人笑。當你跟別人一起笑，它會有一個深度。單獨一個人的時候，你可以笑，但是那個笑不會走得很深，它不可能走得很深。當你跟別人在一起時，它能夠進入到你存在的最核心。

兩個人在一起，在各種氣候之下在一起——白天和晚上，夏天和冬天——在各種心情之下在一起，他們能夠成長。樹木需要各種氣候和各種季節，是的，它需要熾熱的夏天，它也需要冰冷的冬天。它需要白天的光，它需要陽光灑落在它身上，它也需要夜晚的寧靜，好讓它能夠關閉起來而進入它自己，進入深深的睡眠。它需要寧靜、快活、和喜悅的日子，它也需要陰鬱和多雲的日子，它透過所有這些正反兩極的交互運作而成長。

愛是一種正反兩極的交互運作。單獨一個人，你無法成長。永遠都要記住，如果你進入愛，那麼就不要避免承諾，不要避免涉入，要全然進入它，不要只是站在外圍，如果事情太麻煩了，就準備逃走。

愛也是一種犧牲，你必須犧牲很多……你的自我。你必須犧牲你的野心，你必須犧牲你的隱私，你必須犧牲你的秘密，你必須犧牲很多東西。只是處於浪漫的愛不需要犧牲，但是没有犧牲就没有成長。

愛幾乎可以全然改變你，它是一種新生，你永遠不會再跟你愛一個女人或一個男人之前是同一個人，你已經經歷過火，你已經被純化了，但勇氣是需要的。

你問我說，爲什麼我總是對結了婚的女人有興趣？因爲你不夠勇敢，你想要避開涉入，你想要它是廉價的，你不希望爲它付出代價。

摘自「譚崔的蛻變」

男人和女人之間有一個很大的吸引力，這有一個簡單的理由，那就是：他們互相對對方來講都是神秘的。產生衝突的東西也就是產生吸引的東西。他們之間離得越遠、距離越大，他們之間的吸引力就越大。

在現代的社會裡，尤其是在文明國家裡，那個吸引力正在消失，因爲男人和女人非常接近，他們幾乎變得很類似。他們穿著相像，他們兩者都抽煙，也都喝酒，他們的舉止相同，也使用同樣的語言。現代的婦女解放運動對這種荒謬的現象有很大的貢獻。

婦女解放運動教導全世界的女人要像男人一樣，要很強壯、很粗野、很積極而帶有侵略性。她們可以很積極、很粗野，但是這樣的話，她們將會喪失某種非常有價值的東西，她們將會喪失她們的女性化品質。一旦她們變成跟男人一樣，她們就不再神秘了。這在世界上是一種新的發生，是以前從來沒有發生過的。

古代聰明的聖賢總是對古時候的社會講得很清楚：要把男人和女人盡可能分清楚。自然使他們有所區別，但是文化也應該幫助他們分清楚，那並不是意味著他們是不平等的，他們是平等的，但他們是不同的，他們是獨特的。平等不需要意味著相類似，平等不應該被誤解成類似。類似並不是平等。如果女人開始變得像男人一樣，她們將永遠沒有辦法跟男人平等，這一點要記住。

女性解放運動將會對世界上的女性有很深的傷害，那個傷害將會是：她們將會變成男人的影印本，她們將會淪為一種次級的存在。她們將無法成為眞正的男人，因爲她們無法很自然地就那麼積極而帶有侵略性。她們可以假裝，她們可以培養侵略性，她們可以粗野，但那將只是一個表面，在深處，她們仍然保持是柔軟的，這種情況將會在她們的存在裡造成分裂，造成精神分裂，她們將會因雙重人格而受苦，同時，她們將會失去她們的神秘感。她們將會用同樣的邏輯來跟男人爭辯，但是她們將會像男人一樣，她們將會變得很醜。不自然就是醜，自然就是美。

我喜歡她們跟男人平等，但是那個要變成類似的觀念必須被拋棄。事實上，她們必須變得盡可能不一樣，她們必須使他們的獨特性保持完整，她們必須變得越來越女性化，然後那個神秘就可以加深，那就是存在的方式，那就是道的方式。

摘自「道：黃金之門」

第一件事：男人和女人基本上是不同的，他們不僅不同，他們還是完全相反的，因此才會有那麼多的吸引力。吸引力只能夠存在於相反的兩極，類似的東西不可能很有吸引力——不論你是怎麼樣，你已經對它都熟悉了。對男人而言，女人是未知的，它會吸引，它會挑起，它會邀約，然後就會有好奇心產生，想要去探詢。對女人而言，男人是未知的。對男人而言，神以女人的形狀穿透這個世界，因爲神是未知的。對女人而言，男人代表神性，因爲他對她來講是未知的，因此，那個相反是非常有意義的。

所以，第一件必須加以了解的事是：他們是不同的，不僅不同，而且是相反的，但他們並不是不平等的，他們是平等的。那個不同是存在的，那個對立是存在的，那個相反的兩極是存在的，但他們並不是不平等的，他們是平等的。兩個互相對立的東西永遠都是平等的，否則他們不可能互相對立。

第二件必須加以了解的事是：女性身體的存在有一個完全不同的目的。就生物學上而言，就生理學上而言，就生化學上而言，它跟男人的身體是不一樣的，它有不同的功能要去滿足。它跟男人的身體非常不同，除非你深入生物學較深的層面，否則你無法知道那個差別，他們好像生活在兩個分開的世界裡。

女人攜帶著一個子宮，女人（woman）這個字來自「帶著子宮的人」（man with a womb）。子宮非常重要，沒有什麼東西比子宮更重要，因爲整個生命都必須透過它而來，整個生命移動的現象都必須通過它，它是進入這個世界的門。因爲有子宮的緣故，女人必須成爲具有接受性的，她不可以是積極而富有侵略性的。子宮不可能帶著侵略性，它必須具有接受性，它必須是一個開口，它必須去邀請那未知的。子宮必須是一個主人，而男人必須是客人。

因爲子宮是女性身體裡的核心現象，女人的整個心理都因此而不同。她是不帶侵略性的、不探尋的、不發問的、不懷疑的，因爲所有那些事情都是侵略性的一部份。你會懷疑、你會探尋、你會追尋，但是她就只是等待，男人會來找她。她不會採取主動，她只是等待，她可以無止境地等待下去。

這個等待必須被記住，因爲那將會造成不同。當一個女人進入了宗教的世界，她必須遵循跟男人完全不同的途徑。男人是帶有侵略性的、懷疑的、探詢的，跑到外面去追尋，試圖去征服每一樣東西，他必須如此，因爲他存在於帶有積極性的精液周圍，他的整個身體都存在於必須去找尋、去穿透的性周圍。

到目前爲止，所有男人所創造出來的武器——甚至連炸彈和氫彈——都只是男人性的投射，都是男人性器官的投射。箭、槍、或炸彈，它們能夠穿透，它們能夠達到，它們能夠跨越距離，甚至可以去到月球，女人只會笑一笑而認爲它是愚蠢的：「爲什麼要到那裡去？」但是對男人而言，它值得冒生命的危險，因爲它是一種穿透——穿透而進入生命的奧秘。

那個目標越遠，那個吸引力就越大。男人將會到達埃弗勒斯峯，他將會到達月球，他將會再往前走，他無法被遏止，他無法被阻擋。任何變成已知的東西都變得沒有用，然後它就不再有趣了。更深的奧秘必須被穿透，就好像整個大自然就是女人，男人必須去穿透和知道。

男人創造出科學，但女人永遠無法成爲科學的，因爲基本的積極性不存在於她們裡面。她們可以成爲夢想者，因爲作夢是一種等待，它是子宮的一部份，但是她們無法成爲科學家，她們無法成爲邏輯家，因爲邏輯也是一種侵略性。女人無法成爲懷疑的，她們可以信任，她們可以很忠誠，這對她們來講是很自然的，因爲這一切都是她們子宮的一部份。整個身體的存在只是爲了子宮能夠在它裡面存活，整個身體只是用來幫助子宮的一個自然設計。大自然對子宮有興趣，因爲生命必須透過子宮才能夠進入存在，這個事實給了女人一個完全不同的方向。

對她而言，宗教可以是一種愛，它不可能是對眞理的追尋。「追尋眞理」這句話本身就是男性導向的。它可以是對愛人的等待；神可以是一個兒子、一個先生，但神不可能是眞理，它看起來太空洞了、太平淡了、太乾枯了、太死氣沈沈了。在「眞理」這個字裡面似乎沒有生命力，但是對男人而言，眞理是最有意義的字，他說：「眞理就是神，如果你知道眞理，你就算是已經知道了全部。」男人所遵循的方式就是去征服：自然必須被征服。

因爲有這些差別，所以這一直都是一個問題。這個問題在佛陀之前就已經存在了，因爲佛陀的整個方法是男性導向的。它必須如此，因爲去設計方法也是一種侵略性。科學是一種侵略性，瑜伽也是一種侵略性，因爲它們的整個努力就是要如何穿透那個奧秘，然後解除它，要如何達到知道。整個努力就是要如何揭開宇宙的奧秘。知道就是意味著：我們必須達到知道，使得沒有奧秘。

除非那個奧秘消失，否則男人無法安靜休息，整個宇宙的奧秘都必須被揭開，每一件事都必須被知道。沒有一個秘密可以被允許保留。所以男人就創造出各種方法。佛陀是一個男人，耶穌是一個男人，查拉圖斯特是一個男人，馬哈維亞是一個男人，克里虛納是一個男人，老子也是一個男人。從來沒有一個能夠跟他們相比的女人曾經存在過而設計出任何方法。曾經有女人成道過，但即使是如此，她們也無法設計出方法，即使是如此，她們也只是遵循別人的方法。她們做不到，因爲要設計出一個方法或一個途徑需要一個積極而帶有侵略性的頭腦。

女人可以等待，她們可以無限地等待，她們的耐心是無限的，它必須如此，因爲一個小孩必須被懷孕九個月，它一天變得比一天重，一天變得比一天困難，你必須耐心地等待，你不能夠做什麼，你甚至必須去愛你的重擔，你必須等待和夢想說小孩子將會被生下來。注意看一個母親，注意看一個即將成為母親的女人，她會變得比平常更美，因為當她在等待，她會開花，她會產生出一種不同形式的優雅，有一種氣氛會圍繞著她，因為當她即將變成一個母親，當她要去滿足大自然為她設計的身體的基本功能，她是處於顛峯狀態，她正在開花……

整個女人的焦點就是自然，她生活在自然裡，她比男人更自然。在印度，我們稱她為 Prakriti，它的意思就是自然、大地、一切自然的基礎。她比較自然，她的傾向和她的目標比較自然。她從來不會去要求那個不可能的，她會要求那個可能的。在男人裡面有某種東西一直都要去追求那個不可能的，它從來不滿足於那個可能的——只是成為一個滿足的先生並不算什麼，但是一個女人只要能夠成為一個深深滿足的太太，她就會很高興，她的生命就被滿足了。

生物學家說它有一個原因：在男人的生理上有一種不平衡，一種賀爾蒙的不平衡，而女人則比較完整，她就好像一個圓圈，很平衡。他們說，從生命的最開始，精子和卵的組合就可以決定你是男的或女的。二十三個染色體由母親所給予，另外二十三個染色體由父親所給予。如果來自母親的二十三個和來自父親的二十三個形成對稱的二十三對，那麼就會有一種很深的平衡，一個女孩就被生下來。當來自雙方的都一樣，它們就會平衡、對稱，而生下女孩，但是父親有一個奇數的XY染色體，在母親裡面全部都是平衡的：XX。所以，其中有一半的精子包含X染色體，而另一半包含Y染色體。如果包含Y的精子跟母親的卵結合，就會生下男孩，因爲將會有一個不平衡、一個不對稱：XY。

你甚至可以在小孩子生下來的第一天就看出這個不平衡。男孩在生下來的第一天就不安靜了，而女孩在生下來的第一天就表現得很安詳。甚至在第一天之前，甚至當他們還在子宮裡，母親就知道，因爲男孩總是很不安靜，他們會踢脚，或是做些什麼，甚至連在子宮裡，他們都會這樣做，而女孩就只是休息和睡覺。母親可以預先知道到底是要生男孩或女孩，因爲男孩無法安安靜靜地休息。在男人裡面有一種很深的不安靜，因爲這個很深的不安靜，所以他總是在移動，總是要到什麼地方去，總是對遠方的東西有興趣，總是對旅行有興趣。

女人對家和周遭的東西比較有興趣，女人對鄰居的聊天比較有興趣，她對發生在越南的事比較不太擔心，它太遙遠了；她對發生在塞普路斯的事比較不太擔心，它對她來講沒什麼意義，她甚至無法了解，爲什麼她先生一直在閱讀關於塞普路斯的消息：「它是怎麼進入你的生命的？」先生認爲她對較高的主題沒有興趣，但那並不是要點。她很安逸地自處，所以她只對周遭的事情感興趣。如果某人的太太跟別人跑了，那就是新聞，或是某人生病，或者某人生了小孩，或者某人過世了，那就是新聞，那些東西跟個人的關係來得更接近、更家常，只要鄰居就夠了……

女人有更多的身體意識，更身體導向，更根植於大地，那就是爲什麼她們活得比男人更長，平均壽命比男人多四歲。因此有很多寡婦，她們總是先使先生耗盡。在出生的比率上是一百二十個男孩對一百個女孩，但是到了十四歲的時候，有二十個男孩會夭折，大自然仍然維持它的平衡。爲了要維持平衡，大自然安排一百二十個男孩對一百個女孩，因爲那一百個女孩到了十四歲的時候仍然保持一百個，但是有二十個男孩會折損。

如果你是不安靜的，你的不安靜會發散掉你的能量。如果每一樣東西都仔細去計算，那麼女人是比男人更強壯的性別，她的壽命更長，她較少生病——她或許有時候會裝病，那是另外一回事，事實上，她較少生病，她比男人更健康，她的生命力更強，她比男人更能夠抵抗疾病。看，在冬天的時候，男人穿著外套和毛衣，而女人卻穿著無袖的衣服也不會怎麼樣。她們有更多的耐力和抵抗力，她們有更多的保護，因爲她們比較根植於身體。

男人生活在他的頭腦裡，他比較心理導向，因此有更多的男人發瘋，更多的男人自殺。女人並非弱者，男人比女人更弱，因爲頭腦無法像身體那麼強壯。頭腦到了很晚才進入存在，而身體已經有一段很長的經驗，但是當她們進入了朝向神的途徑，這個「根植於身體」就變成一個難題。

在生活當中，在自然的生活當中，女人是勝利者，但是靈性的生活是反對自然、超越自然的，所以她們的「根植於身體」變成一個難題，除非她們的整個頭腦都變成有意識的，否則她們的「根植於身體」將不會離開她們，她們深深地根植於它。男人就好像一隻小鳥，在空中飛翔，而女人就好像樹木，根植於大地。當然，她們可以得到更多的滋養，每當有一隻小鳥或一個男人想要休息，他就必須來到女人的樹蔭底下，他必須來到樹下被滋潤，並得到庇護。就一般自然的生活而言，這是好的，這是有幫助的，在這個點上，女人是勝利者，但是當一個人開始走向超越自然的路線，那個幫助會變成障礙……

在最終的頂點，在心靈存在的最高峯，男人會變成女人，就好像女人會變成男人一樣，它並不是單向的，它不可能如此，因爲你們是相反的兩極。如果女人變成像男人一樣，那麼男人會變成怎樣？他將會變成像女人一樣，那麼相反的兩極就融解了。

女人必須將她的無意識蛻變成有意識，將她的非理性蛻變成理性，將她的信心蛻變成探詢，將她的等待蛻變成行動，而男人則必須去做剛好跟這個相反的事，他必須使他的行動變成休息，使他的不安靜變成一種安詳、一種靜止，使他的懷疑變成信任，他必須融解掉他的理性，使它變成非理性，那麼一個超理性的人才會誕生。他們必須分別從兩端來移動，男人必須從他男人的狀態來移動，女人則必須從她女人的狀態來移動，因爲男性的頭腦只是一半，一半無法知道整體，女性的頭腦也只是一半，那一半永遠無法知道整體，兩者都必須從他們的靜止狀態開始移動，變成液體狀的，互相融入對方，變成無性別的。

所以，我要告訴你們，我要引導男性去變成女性，同時我要引導女性去變成男性，好讓兩者都能夠融解，好讓那個超越能夠達成，而性別消失，因爲性別的存在是一種分裂。你知道「性」這個字意味著什麼嗎？它在拉丁文的原始字根意味著區分、分開，所以當你達到神，你必須既不是男性，也不是女性……

試著去了解，部份必須離開，好讓你能夠變成整體，你不應該跟任何分開的部份認同，好讓那個看不見的能夠進入你。

摘自「芥菜子」

奧修談婚姻與兩性關係

婚姻是一個很大的教導，它是一個學習的機會，學習說依賴並不是愛，依賴意味著衝突、憤怒、恨、嫉妒、佔有、和控制，一個人必須學習不去依賴，但是要達到這樣，你需要進入很深的靜心，好讓你能夠自己一個人就很喜樂而不需要別人。當你不需要別人，那個依賴就消失了。一旦你不需要別人，你就可以分享你的喜悅，那個分享是很美的。

我想要在世界上有一種不同的關係，我稱之爲「關連」，只是爲了要使它跟舊有的關係有所不同。我想要世界上有一種不同的婚姻，我不稱它爲婚姻，因爲那個名詞已經被毒化了，我喜歡就稱它爲友誼……只是因爲愛而在一起，沒有對明日的承諾，這個片刻就足夠了。如果你們在這個片刻互相愛對方，如果你們在這個片刻互相享受對方的存在，如果你們能夠在這個片刻互相分享，下一個片刻將會由這個片刻生出來，它將會變得越來越豐富，隨著時間的經過，你們的愛將會加深，它將會開始進入新的層面，但是它將不會產生任何枷鎖……

我知道得非常清楚，男人和女人需要在一起，但它將不是出自需要，而是出自洋溢的喜悅；不是出自貧乏，而是出自豐富，因爲你擁有那麼多，所以你必須給予。它就好像一朵花開，它的芬芳就會釋放到風中，因爲它是那麼地充滿芬芳，所以它必須將它釋放出來。或者就像一朵雲來到空中，它必須將雨滴灑落下來，它必須下雨，它是那麼地充滿著雨水，所以它必須分享……

我們必須從最根部來改變人類的整個結構。我們必須放棄直到目前爲止所存在的婚姻方式，一個全新的觀念必須被引進，唯有如此，一種新的人類才能夠在地球上誕生。

摘自「道：黃金之門」第二卷

的確，我們從來沒有去想有什麼事發生在婚姻。現在的婚姻如何？或者它以前如何？只是一個痛苦的受苦——一種長時間的受苦，帶著虛假的笑臉。它只是被證明是一種不幸，最多它只不過是一種方便。

當我這樣說，我並不是意味著說如果你能夠愛更多人，你就不必結婚。就我的看法，一個能夠愛更多人的人不需要只是爲了愛而結婚，他會爲更深的事而結婚。請你們了解我的意思：如果一個人愛很多人，那麼沒有理由只是因爲愛而去跟一個人結婚，因爲他不要結婚也可以愛很多人，所以沒有理由要這樣做。我們強迫每一個人因爲愛而結婚。因爲你在婚姻之外無法愛，所以我們不必要地將愛和婚姻湊在一起，那眞的是不必要。婚姻是爲了更深的東西：爲了親密，爲了一種相互歸屬，爲了要去做一個人無法單獨做的事，爲了要去做兩個人可以一起做的事，爲了要去做一種需要兩個人在一起、深深地在一起才能夠做的事。由於這個對愛飢渴的社會，所以我們就因爲浪漫的愛而結婚。

愛永遠無法成爲婚姻的偉大基礎，因爲愛是一種有趣的遊戲。如果你因爲愛而跟一個人結婚，你將會後悔，因爲那個樂趣很快就會消失，當那個新鮮感消失，無聊就進入了。婚姻是爲了更深的友誼和更深的親密。愛也隱含在它裡面，但並非只有那個因素。所以婚姻是心靈的，它的確是心靈的！有很多事情你永遠無法單獨一個人去發展。即使是你自己的成長也需要別人來反應，需要一個非常親密的人，使你能夠對他或她完全敞開。

婚姻根本就不是性的，是我們迫使它成爲性的。性或許存在，也或許不存在。婚姻是一種很深的心靈交融。如果有這樣的婚姻發生，我們就可以生出非常不同的靈魂——品質非常不同的靈魂。當一個小孩是由這種親密關係所生出來的，他就可以有一種心靈的基礎。但我們的婚姻都只是性的——只是一種性的安排，出自這種安排，你說會生出什麼呢？要不然就是我們的婚姻是一種性的安排，要不然就是爲了短暫的浪漫的愛。

事實上，浪漫的愛是病態的，因爲你無法愛很多人，所以你繼續累積愛的能力，然後你就將它氾濫出來。每當你找到一個人或是一個機會，這個氾濫的愛就被投射出來，所以一個平凡的女人就變成好像一個天使，一個平凡的男人就變成神聖的，看起來很神聖，就好像是一個神。但是當那個洪水過後，而你再度變正常，你就會了解到你被騙了。他只是一個平凡的男人，她只是一個平凡的女人。

這個羅曼蒂克的瘋狂是由我們一夫一妻制的訓練所創造出來的。如果一個人被允許去愛，他就永遠不會去累積可以投射的緊張，所以，唯有在一個非常病態的社會裡，浪漫的愛才可能發生。在一個眞正健康的社會裡，將不會有浪漫的愛；將會有愛，但是不會有浪漫的愛，而如果沒有浪漫的愛，婚姻就會進入一個更深的層面，它將永遠不會使你感到後悔。如果婚姻不只是爲了愛，而是爲了更親密的在一起，爲了一個「你——我」的關係，好讓你們兩個人都能夠成長，不是以「兩個我」，而是以「我們」來成長，那麼婚姻眞的就是無我的訓練，然而我們根本就不知道那種婚姻。

摘自「最終的煉金術」第一卷

一個男人在決定結婚之前必須認識很多女人，而女人必須認識很多男人，唯有如此，你才能夠選擇，唯有如此，你才能夠去感覺跟誰最合得來，唯有如此，你才能夠了解跟誰在一起你可以開始往高處飛。但是多少年代以來，我們都不允許這樣的事。

在你要下承諾之前，你需要對別人很有經驗，但是現在我們的意識形態仍然停留在科技發達之前。在過去，這種事是危險的，因爲女人或許會懷孕，而爲她或她的家人或她的一生帶來麻煩。那就是爲什麼沒有說男人在婚前必須保持貞潔的問題，而對女人來講它是絕對需要的，全世界都是如此。

爲什麼要有這個雙重標準？爲什麼女人必須是一個處女？而男人爲什麼不必？他們說：「男孩子就是男孩子嘛……」難道女孩子就不是女孩子嗎？

那只是因爲從前對女人没有科技的保護，但現在已經有保護存在。在火的發明之後，避孕藥是世界上最偉大的發明。最偉大的革命家跟避孕藥所帶給世界的革命來比根本不算什麼。你或許不知道，但是避孕藥的確改變了整個世界，因爲它改變了整個性的法典。

你生活在一個科技的時代，你不需要攜帶著科技發達之前的意識型態，它們是有害的，它們會阻礙你的進步，它們是不必要的重擔，你毫無理由地攜帶著它們，使它們來擾亂你的生命。

男人和女人必須會合，必須互相知道對方，而不必匆匆忙忙地趕著結婚，慢慢、慢慢地，你將學會愛的藝術，你將學會跟人相處的方法，同時你也將會學到跟誰在一起會有心靈的親和力。

婚姻是一個心靈的事件，而不是身體的現象——根本不是。它是心靈的結合。當你開始感覺跟某一個女人或某一個男人在一起時會產生出偉大的音樂，有某種來自彼岸的東西穿透進來，唯有到那個時候才定下來，否則不需要倉促行事。

摘自「常年哲學」第二卷

對愛有一種很強的慾望和渴望，但是愛需要很大的覺知，唯有如此，它才能夠達到它的最高峯，而那個最高峯就是結婚……結婚是兩顆心完全融合在一起，它是兩個人同步產生作用，那才是眞正的結婚。

摘自「啊！這個！」

愛可以變成婚姻，但是這樣的話，它就是一種完全不同的婚姻，它不是一種社會的形式上需要，它不是一種制度，它不是一個枷鎖。當愛變成婚姻，它意味著兩個個人決定生活在一起，但是是處於絕對的自由之中，互相不佔有對方。愛是不佔有的，它給予自由。當愛成長而成爲婚姻，那個婚姻就不是普通的事情，它是絕對不尋常的，它跟户口登記無關。你或許也需要登記户口，社會的認可或許是需要的，但那些都只是在外圍，它們並不是核心的部份，在核心的部份是心，在核心的部份是自由。

摘自「瑜伽始末」第六卷

有兩種臣服，其中一種是你被強迫去臣服，那是醜陋的，永遠不要讓那樣的事發生。最好死掉也不要臣服，因爲你是被強迫臣服的，但是還有另外一種完全不同的臣服：你並不是被強迫臣服，你只是覺得好像在融解、在融合，跟一個人合一，或者是跟整個存在合一。

當然，它一直都是以關係作爲開始，那是很自然的。愛的第一步就是「關係」，愛的第二個狀態是「關連」，在這兩者之間有很大的差別。在「關係」裡面，你將每一個人都摒除在外，你集中在一個人身上，它是一種心的集中，但是所有的集中都會變成二次世界大戰的「集中營」！基本上它是一種法西斯主義。剛開始的時候可以，但是一個人不應該生活在那裡，生活在集中營裡……

所以，愛也是以集中營作爲開始——一種一對一的愛情事件，排他性的。兩個人都是囚犯，同時也是看守監獄的人，他們同時以這兩個方式來運作，每一個人都被另外一個人所囚禁，每一個人都憑他自己當上看守監獄的人，這是一個很美的遊戲！但是一個人不應該停留在那裡，否則生命會被浪費掉，一個人必須去學習那個功課——它的美和它的醜，兩者都必須被學習。那個醜必須被拋棄，而那個美必須被保存。

「關連」就是如此，你拋棄了在愛裡面的所有醜陋——佔有、排他性、控制、猜疑、懷疑、每一種想要去削減對方自由的努力。當所有這些都被拋棄了，你的愛就變成只是一種「關連」，而不是一種「關係」，比較接近友誼：：你可以有很多朋友，你也可以有很多愛人——一個人必須開始從一個成長到很多個，但那也不是目標。

第三種狀態是當愛只是一種品質，你並不執著於一個或多個，愛就好像呼吸，它是你的本性，所以對每一個跟你有接觸的人，你都以愛心來相對。這是第三階段，很少有人可以達到這個階段。然後有第四種狀態，只有非常少數的人達到那種狀態，它們可以用手指頭數得出來。

第四種狀態就是當你的存在就是愛，它不是一種品質，你的存在就是愛，你已經忘掉所有關於愛的事，因爲你本身就是愛，所以不需要再去記住它，你只是很單純地、很自然地由它來表現，在第四種狀態下，一個人就臣服於存在。

在第一種狀態下，你臣服於一個人，但是有一個條件，他必須也臣服於你，所以那個臣服並不很全然，它是有條件的。在第二種狀態下，你臣服於很多人，它比第一種來得更好，因爲現在臣服已經不再集中於一個焦點，它具有更多的自由，它成長到一些新的層面上，它長出了翅膀。在第三種狀態下，你只是臣服於存在、臣服於樹木、臣服於山岳、臣服於星星、臣服於一切存在，到了第四種狀態，你變成了臣服本身。在第四種狀態下，愛意味著臣服，它跟它是對等的，是同義的，這就是成爲一個佛或一個基督的狀態。

沒有什麼東西比那個更高，一個達到那種狀態的人就已經達成了一切，他的生命被滿足了，他已經回到家。

摘自「籬笆另外一邊的草眞的比較翠綠嗎?」

男人和女人之間的關係一定是有一點瘋狂。男人無法逼使女人瘋狂，因爲他的論點和他的思考方式是合乎邏輯的。女人的思考方式是不合邏輯的，但那就是她的方式，她就是這樣被做成的。她在最低的部份是本能地在運作，而在最高的部份是用聰明才智在運作。本能和直覺的方式是不合邏輯的方式。邏輯無法逼使不合邏輯的人發瘋。如果有什麼事會發生的話，它將會發生在邏輯的頭腦。

瘋狂是邏輯頭腦的一部份。瘋狂只是意味著你的邏輯不再運作，你覺得茫然不知所措。你愛那個女人，不管付出什麼代價，你都不想失去她，你爲她感覺，你試著以每一種方式來了解她，但是不論你怎麼做，你都會覺得無助，因爲你只能夠很邏輯地來行動。就邏輯而言，她是無法理解的，她是神秘的，非常神秘。你可以用你的整個生命去研究一個女人，但是你將無法理出什麼是什麼。

她從來不會試圖去了解你，心神不合邏輯的運作方式對了解沒有興趣，它不必要有任何程序就可以直接到達結論，它會直接跳進結論，而那個奇蹟是：女人幾乎永遠都是對的，而你幾乎永遠都是錯的，那眞的會逼你發瘋！你運作得那麼合乎邏輯、那麼合乎數學、一步一步地推演，但你的結論仍然是不對的。

有一個女人贏得了彩券，當她的先生來，他感到很驚訝，他問說她是怎麼弄的。

她說：「我作了一個夢，在夢中有七這個數字出現了三次，所以我算出三乘以七是二十八。」

她先生一陣錯愕，他說：「然後怎麼樣？」

她說：「我就去買第二十八號的彩券，然後就中獎了。」

她先生說：「但是三乘以七並不是二十八，而是二十一！」

那個女人說：「你去當你的數學家，但是我中獎了！」

誰會去管數學？眞正的東西是結論。她從來不會試圖去了解男人，從來沒有女人會試圖去了解男人，她已經了解了。事實上，她們總是覺得很困惑，爲什麼男人一直試著要去了解女人。好幾個世紀以來，男人一直都這樣在做，我想女人一定是他們的探詢裡面最古老的主題，這是很自然的，即使在神面前，他也一定會去問關於女人的事……

如果你停止試著去了解她，而只是去享受她，她不可能把你逼瘋。如果你試圖去了解她，很自然地，你將會停止享受她，然後她就一定會把你逼瘋。在她裡面歡欣鼓舞！享受她的不同，享受她對生命的不同接近方式，欣然接受說她不是一個男人，而是一個女人。她的思考方式跟你不一樣，不僅她的身體跟你不同，她的心理也跟你不同，一旦你不試著去了解她，她就無法逼使你發瘋。

當你跟你的女人在一起，你要將你的頭腦擺在一旁，要變得更存在性，而比較不理智性。愛她，跟她一起跳舞，跟她一起歌唱，但是不要試著去跟她爭論。就爭論而言，永遠都要同意她，這樣你就永遠不會覺得茫然，不管怎麼說，即使你去爭論，最後你也必須同意她……

要更靜心一些。事實上，靜心是被發現來當作防衛的，它並不是女人所發現的，這一點要記住。有很多人問過我：「爲什麼女人沒有發現靜心？」她們爲什麼要去發現它？她們沒有理由要去發現它，它是男人的發現。被靜心的能量圍繞著，他就受到保護了，那麼就沒有人可以逼使他發瘋，甚至連女人也無法逼使他發瘋。

摘自「禪：特殊的傳遞」

勞倫斯是一個詩人，他具有神秘家的品質，但只是偶而呈現出這樣的品質，在其他時候他都非常理性、非常喜歡爭論……他非常喜歡爭論，有很多能量跑到頭腦，但是偶而會溜出頭腦，然後就會有偉大的洞見。

這一定是他的一個洞見：

他說：很容易就可以了解爲什麼人會殺死他所愛的東西……因爲當你愛一個人，某種在你裡面很深的本能就會開始渴望去知道那個人。記住，知識一直都是去征服和去佔有的一種努力。因爲你想要去佔有你所愛的那個人，所以你想要知道所有的秘密，因爲那是去佔有的唯一方式。如果那個人的某些東西保持不被知道，那個未知的部份就不在你的掌握之中。

那就是爲什麼先生、太太、和愛人繼續互相扮演偵探，他們想要知道每一件事，他們一直激勵對方說：「打開你的心，說出來，不論它是什麼，將它帶出來！」這眞的很醜陋，因爲你或許能夠對那個人多知道一些，但是那個愛也同時在消失，因爲愛只能夠存在於兩個奧秘之間——兩個互相對對方來講都是奧秘的人之間……

永遠不要試圖想去知道，永遠不要試著去穿透那個人最終的奧秘，讓它自由。愛給予自由，它並不是一個征服的問題。你給予越多的自由，就有更多的「知」會發生，但它並不是知識，它是一種感覺，它是直覺的……因爲女人遠比男人來得更神秘。事實上，女人是整個存在裡面最神秘的現象，非常細微、非常脆弱。愛一直都非常脆弱，要小心處理它……

永遠不要試著去知道你所愛的女人，因爲你一開始努力去知道她，你就已經開始在摧毀她，不久她將會被縮減成一個太太，但是這樣的話，她就不是當初你所愛的那個女人。那個神秘已經消失了，而你就是它消失的致因。

摘自「奧秘的神學」

有三件事。第一，兩個意識可以以三種方式互相關連，第一種方式是「我——它」的關係，那麼別人就不是以一個人來被尊敬，而是以一件物品來被使用。「我——它」的關係是一種佔有的關係，它是最醜的關係。科學在「

我——它」的世界裡運作，那就是爲什麼科學沒有辦法相信有一個靈魂，有一個神，只有東西和物質，它將每一樣東西縮減成物質。「我——它」是科學家的世界。

第二種關係是「我——你」，愛人就是這樣在關連，對方有受到尊重，非常受到尊重，對方並沒有被縮減成一樣東西，對方並沒有被使用，事實上，雙方互相都在增強對方，雙方互相都使對方變得更豐富。

在第一種「我——它」的關係裡，你攝取，你的整個顧慮就是要如何攝取更多更多；在第二種關係裡，你給予，你的整個顧慮就是要如何給得更多更多。並不是說藉著給予你不會得到，你會得到一千倍，但那是另外一回事，那不是你的動機。

第二種是藝術的世界，藝術家生活在「我——你」的世界裡。世界上有很多宗教，尤其是由猶太教所生出來的宗教——猶太教、基督教、和回教，都沒有超越「我——你」的範疇，因此他們無法發展靜心，只有祈禱。祈禱是一種「我——你」的關係，神是別人，你對祂非常尊敬，但別人仍然是別人，有一個分開。有親近，但是還沒有連結起來，非常親近、非常親密，但是尚未成爲一體。

第三種關係事實上根本就不是一種關係，它非常似非而是，它既不是「我——它」，也不是「我——你」，兩個人並不是以「二」存在於它裡面，他們開始以「一」來運作，他們變成一個有機的統一體，他們變成一個性高潮般的喜悅，那就是神秘家所處的狀態，那就是靜心者想要去達成的狀態。

摘自「你不加入這個跳舞嗎？」

愛與關係是不相關的，它比較是一種存在的狀態。你必須變成一個具有愛心的人，而不必然要處於關係之中。我並不是說不要處於關係之中，要盡可能處於很多種關係裡，因爲每一個關係都有它本身的獨特性，每一個關係都有它本身的美，每一個關係都貢獻了它本身的喜悅，當然也有它本身的受苦。它具有它本身黑暗的夜晚，以及它本身很美的日子。然而一個人就是這樣在成長的：透過黑暗、透過光、透過甜蜜、和透過酸苦。

摘自「沒有人是一個孤島」

有一個韻律：有時候享受關係，有時候享受單獨。一再一再地去享受這兩者，有一天你將會了解不需要處於關係之中，也不需要成爲單獨的。你可以在關係裡面而仍然保持單獨，你也可以在單獨的狀態下處於關係之中，那麼你就變聰明了，那麼它們就不是相反的兩極，你不需要去選擇，兩者都存在；一個人停留在關係之中，但是他仍然保持單獨。一個人知道他的單獨是永恆的，它無法被打破，他仍然可以將他的喜悅跟別人分享，但是他並不覺得以任何方式跟別人關連。

當兩個「單獨」一起存在於一種很深的愛之中，而沒有爲對方創造出任何監禁，那麼某種非常有價值的東西就發生了，但是在那個發生之前，你必須一再一再地去經歷過這兩個階段；一個人只能夠透過經驗來學習。但是且看人類的頭腦是多麼地愚蠢：當你處於關係之中，你一定一直在渴望要成爲單獨和自由的。現在你已經單獨和自由了，你卻認爲你應該是悲傷的，你應該覺得痛苦，然後你又會再進入關係之中，然後你又會再想，你應該成爲單獨而快樂的，往日的情景是多麼美！

我們繼續錯過那個要點，我們繼續在想著跟事實不同的情況，愚蠢的頭腦就是這樣在運作的。享受當下這個片刻，任何在當下這個片刻所提供的，你就讓它來豐富你。

摘自「不要咬我的手指，要看我所指的地方」

我們繼續藉著別人、藉著愛的客體來填補我們存在的某些洞，我們繼續洞察別人的眼睛來看我們的形象，所以當愛人消失，突然間就有一個洞產生，因爲你錯過了你可以看你的臉的鏡子，你錯過了你的臉……

當愛人分手的時候，這是眞正的難題。他們已經互相在對方身上投資了太多，那就是爲什麼有很多人，即使那個愛在很久以前就已經消失了，仍然還在一起，他們承擔不起失去對方。先生和太太依附在一起，雖然他們知道得很清楚說現在已經沒有理由再依附在一起了。愛在很久以前就消失了，或者也許它一開始就不存在了。他們知道，他們有覺知到，他們對它們感到痛苦，但是他們無法做什麼，曾經有一千零一次，他們想分開，但是那個分開的概念會帶來恐懼，因爲那個形象就在別人的手裡，一旦別人不復存在，你就不知道你是誰，突然間，你就失去了你的認同，你就失去了你的靈魂、你的自己，突然間，每一樣東西都變得一團糟……

這一次開始跟你的單獨生活在一起，那是一個洞，這一次不要試著去塡補它，讓它就這樣，雖然很困難、很費力……你會覺得很悲傷、很沮喪，讓它就這樣，但是要學習單獨生活。我並不是說你一生都要單獨，但是首先要學習單獨生活，然後再找一個伙伴，那麼那個關係將會處於一種完全不同的層面，它將不是一面鏡子。你可以單獨一個人生活，唯有如此，你才能夠愛，那麼愛就不再是一個精神不健全的需要，它已經不再是某種你必須依靠它來定義你的東西。你可以單獨。不必有愛，你也知道你是誰。愛變成一種分享，如此一來，因爲你有，所以你想要分享，那麼愛就不再是一種需要，而是一種奢侈。當愛是一種奢侈，它是很美的。

摘自「跳著舞到神那裡」

你必須記住幾件事。其中之一就是：每一個男人都需要一個屬於他自己的空間。如果你想要愛一個男人，而且要永遠愛他，而且如果你想要他也愛你，那麼就永遠不要完全塡滿他的空間，至少有一部份，四分之一，必須給他。那個可憐的男人就需要這麼多！

那就是女性頭腦和男性頭腦之間的差別。女性的頭腦可以完完全全充滿愛，女人的整個存在可以進入愛，但是男人也有其他的愛，對女人的愛只是他各種愛的其中之一，他或許也會喜愛詩、音樂、繪畫、打獵、以及一千零一種愚蠢的事。但是對女人而言，一個愛就夠了。

一旦她找到一個愛人，她就會從每一個角落來包圍他，她想要塡滿他存在的每一個部份和每一個縫隙，但是這樣的話，愛人會變得害怕，因爲他會想要某種獨立，他會想要在某個地方成爲單獨的，成爲他自己，所以，如果你想要四分之三，你必須留四分之一給他，這是一種交易！

否則有一天你將會失去全部。對一個女人來講，愛是她的整個存在，這是一件很自然的事，必須加以了解，成熟是需要的。如果女人有那個能力，她會使她的愛人再度成爲一個小孩，將他放在她的子宮裡，好讓她能夠包圍著他，而不怕他會逃走，但這是做不到的，所以她在他的周圍創造出一個心理的子宮，那就是家。

即使他在讀書，她也會害怕說他對讀書比對她更有興趣，或者如果他在吹笛子，她也會害怕說他對笛子更有興趣。每一件事似乎都具有競爭性，她想要他全然的注意，但這對一個男人來講是不可能的，如果你太強迫他，他將會逃走，或臣服，但是臣服的話，他會變得死氣沈沈。

如果一個男人完全臣服於一個女人，他是死的，他或許是一個先生，但是已經不再是一個愛人，他是一個奴隸，這樣的話，女人也不會滿足的，因爲誰會去滿足於一個奴隸呢？她想要一個她可以臣服的人，而不是一個臣服於她的人，臣服於她的人對她來講是沒有用的，所以，這就是兩難式，女人想要她先生完全屬於她，但是當他變成她的，她就對他沒興趣了。

摘自「敲在石頭上」

必須一直記住的最後一件事是：在愛的關係當中，如果事情有不對勁，你總是責怪對方。如果事情沒有按照它應該的方式來發生，對方應該負責，這將會摧毀未來成長的整個可能性。

記住：你必須永遠負責，然後去改變你自己，拋棄那些會產生難題的品質，使愛成為一種自我蛻變。

摘自「白雲之道」

偶而嘗一下新的女人或新的男人可以使你恢復對舊有的女人或舊有的男人的興趣，你會開始去想：「畢竟她也不是那麼差。」有一些改變總是好的。

我並不反對婚外情。那些教你反對婚外情的人事實上是以一種間接的方式在教你佔有。當我說我不反對婚外情，我是在教你不佔有。讓我們來看清這個要點：如果我談論不佔有，人們會認為：「那是靈性的，那是宗教的，那是很棒的！」但是如果我談論婚外情，那些靈修的人和宗教人士就會立刻覺得被冒犯。

但我所説的是同樣的事情，談論不佔有是抽象的，而談論婚外情是具體的。你無法跟抽象概念生活在一起，你必須過具體的生活。它會做出什麼樣的錯誤呢？如果一個男人對同一個女人——同樣的輪廓、同樣的地形、同樣的地勢——感到厭倦，偶而換一下不同的地形、不同的風景……他回家之後會再度對探索舊有的女人感興趣，它給予一種休息——喝咖啡的休息時間。在每一個咖啡時間過後，你就可以再度進入同樣的工作、同樣的卷宗，打開卷宗開始工作……咖啡時間能夠幫助你……

如果人們想要很親密地生活在一起，他們必須不佔有，他們必須允許自由，婚外情就是如此——自由……

婚外情非常有意義，對心理成長和成熟非常有幫助，因爲當你開始跟另外的女人或男人走一兩天，或幾天，在你和你舊有的愛人之間就會有一個距離產生，那個距離非常有幫助，當你們之間的距離剛好處於戀愛之前同樣的距離，那麼蜜月就再度成爲可能，那個空間將能夠允許一個新的蜜月，你將會變得有興趣，你會再度開始重新考慮，重新思考整個事情。

跟新的男人或新的女人在一起，你將會了解到，畢竟他們並沒有那麼不同，所以爲什麼要破壞那個已經發展出來的親密？破壞它有什麼意義？而親密遠比任何性關係來得更令人滿足。

如果兩個人眞的很親密，他們將會允許絶對的自由，因爲他們知道親密來得更美、更有意義，他們已經經驗到它，所以任何的性關係只是一點分心，沒有什麼事會只是因爲它而弄得不對。

摘自「最終的哲學」

除非一個男人或一個女人經歷過很多婚前的關係，否則不可能選擇正確的伴侶，這是一個非常簡單的現象！除非在你的一生當中有經驗過很多女人和男人，否則你怎麼能夠選擇誰是最適合與你生活在一起的？但是他們不允許任何婚前的關係，所以人們開始憑第一印象戀愛，那是很荒謬的，然後，當然，同樣的那些人會說愛情是盲目的。他們先將一些酸性的東西放進你的眼睛，然後他們說愛情是盲目的！你有看到那個策略嗎？不要讓男孩和女孩互相會合、互相混合，不要讓他們在作決定之前經驗到很多人，使他們的性能量窒息！

男孩和女孩在十三、四歲的時候就達到性成熟，但是他們要在二十五歲之後才會結婚，在將近三十歲的時候才結婚，在這十五、六年裡面，他們的性慾是最強的……因爲男孩在十七、八歲是性能力最強的時候，在這個時期之後，他的性能力永遠無法再達到同樣的強度，在這之後，他永遠無法再那麼年輕而有活力。等到他結婚的時候，他已經老了，然後你就開始稱他爲骯髒的老人，這是多麼奇怪的邏輯！當他年輕的時候，你不允許他，而因爲你不允許他，所以他的整個性就開始進入頭腦，它變成大腦的……它累積在頭腦的無意識部份。

等到你允許的時候，他已經被性縈擾了很久，所以他碰到了異性就一見鍾情。只要使一個人保持饑餓十五年，那麼你認爲他會想說「要選擇什麼食物嗎？」任何食物都可以，任何腐爛的香蕉都可以……

婚前的關係是一種非常科學的現象，它必須被允許，它必須變成人權的一部份。在一個人要決定跟某人形成親密關係，或是要跟某人生活在一起較長的時間之前，每一個人都應該有基本的權利去經驗愛的關係。我不是說你一生都必須這樣，因爲誰知道？生命是一件大事！但是你可以先去經驗一段較長的時間。明天你可能會找到一個更美的女人或更美的男人，那麼你的聰明才智將會告訴你說最好去選擇，爲什麼要一直被你的過去所折磨？對未來要保持自由、保持敞開，所以我只是說去經驗一段較長的時間，然後再決定。

當你享受過很多種關係之後，你就能夠選擇，你就能夠判斷說那一種女人或男人適合你，那一種男人或女人是一種滋潤。

我完全贊成婚前的關係，如果沒有那些關係，人類將會保持心智不健全。

摘自「最終的哲學」（全文完）

作者簡介

奧修於西元一九三一年十二月十一日生於印度馬達亞・普拉德西的古其瓦達。從小開始，他就是一個叛逆而獨立的靈魂，挑戰一切既有的宗教、社會和政治傳統，他堅持要自己去經驗眞理，而不是從別人那裏獲得知識和信念。

一九五三年三月二十一日，二十一歲的時候，奧修成道，他描述他自己說：「我已經不再找尋或追尋任何東西，存在已經對我打開它所有的門，我甚至不能夠說我屬於存在，因爲我就是它的一部分……當一朶花開，我就跟著它開，當太陽升起，我就跟著它升起，在我裏面，使人們分開的自我已經不復存在，我的身體是自然的一部分，我的人是整體的一部分，我不是一個分開的實體。」

他以特別優異的成績畢業於印度沙加大學的哲學系，學生時代，他是全印度的辯論冠軍和金牌得主，在印度的傑波普大學擔任九年的哲學系教授之後，他周遊全國各地，到處演講，在公開辯論中向正統的宗教領袖挑戰，擾亂傳統的信念，震撼目前的現狀。

在奧修的生涯當中，他談論到人類意識發展的每一方面，從佛洛依德到莊子，從戈齊福到佛陀，從耶穌基督到泰戈爾……他從他們的精華當中提鍊出對現代人靈性追求具有意義的東西，他所依據的不是智性的了解，而是他自己存在性的經驗所實證過的。

他不屬於任何傳統，他說：「我是一個全新宗教意識的開始，請不要把我跟過去連結在一起，過去甚至不值得去記憶。」

他對來自世界各地的門徒和追求者的演講已經被錄製成六百多種書，而且被翻譯成三十多種語言，他說：「我的訊息不是教條、不是哲學，我的訊息是一種煉金術、是一種變化氣質的科學，所以，只有那些願意去死，而再生爲甚至他們目前所無法想像的新存在的人，只有那些少數有勇氣的人會準備要聽，因爲聽我演講是危險的，當你注意聽，你就已經踏上了朝向再生的第一步，所以，它不是一套你可以僞裝或吹噓的哲學，它不是一些你可以爲那些擾人的問題找到慰藉的教條，不，我的訊息不是語言的傳達，它是非常非常危險的，它相當於死亡和再生。」

奧修已於一九九〇年元月十九日圓寂，但是他在印度的社區目前仍然繼續著，由他的二十個門徒共同領導，繼續宣揚奧修的道，讀者可以去拜訪，以及參加他們的各種訓練課程。

奧修大師在台連絡地址

1 奧修資料中心
100台北市臨沂街33巷4號二樓
電話：(02)2395-1891；連絡人：謙達那(譯者)
傳眞：(02)2396-2700
郵撥帳號：12463820；帳户名稱：林國陽
流通項目：原文書、中文書、錄音帶(音樂帶、演講帶)、錄影帶、照片、CD

2 奧修台北靜心中心
241三重市重新路五段609巷12號之5，9 樓
(湯城園區)（靜心活動爲主)
交通：聯營235，指南1，3，9 味全工廠站下車
電話：(02)2999-4700
每兩個月有奧修新訊，歡迎索閱

3 奧修資訊中心（創見堂)
100台北市重慶南路一段75號11 樓
(離台北車站不遠)
電話：(02)2375-1471～2；連絡人：李瑪琍(Vismaya)
上班時間：14:00～21:30 P.M.
每三個月有創見雜誌，歡迎索閱

4 奧修屋
竹北市華興街136號5F之2
電話：(03)555-1491；連絡人：潘福緣(卡瑪爾)
傳眞：(03)555-2067(Aura Soma爲主)
新竹市光復路一段89巷139號2F
電話：（03）567-9887；連絡人：克莉莎納
傳眞：(03)567-9890(靜心活動爲主)
每兩個月有奧修屋簡訊，歡迎索閱

奧修大師連絡地址

5 蘇克拉奧修靜心中心
台中市美村路一段462號B1
電話：(04)372-3095；連絡人：瑪格亞

6 奧修庫爾希德靜心中心
高雄市左營區至聖路145號3F
電話：(07) 349-2745；連絡人：王靜娟 (Abhaya)

7 奧修全然靜心舍
香港灣仔洛克道68-70號
偉信商業大廈602室
電話及傳眞：26743408 (夜間)
連絡人：梁健生 (Suraj)
e-mail：suraj001@netvigator.com

8 奧修中文網站
網址：http：//cn.osho.org
內容：奧修靜心的介紹、奧修的演講與洞見、印度普那社區之旅及實用旅行引導、多元大學課程、成道者活生生的藝術……

9 Osho International
570 Lexington Avenue
New York, N. Y. 10022, U.S.A.
Tel：+1-212-588-9888
FAX：+1-212-5881977
email：osho-int@osho.org.
Web Site：http：//www.osho.org

上述地址的提供只是爲方便讀者取得有關奧修大師的資料和做靜心。

奧修世界的音樂

一、音樂欣賞帶（每卷180元）

1 Open Window
（敞開的窗子—柔和及靜心的音樂）

2 Moment to Moment
（一個片刻接著一個片刻—欣賞音樂）

3 Five Fingers（五根手指—柔和音樂）

4 Sambodhi Music
（三菩提音樂—略爲高昂的音樂）

5 Basho's Pond
（巴休的池塘—日本和印度的調和音樂）

6 Wild Dances and Silent Songs
（狂野的舞及寧靜的歌—心的跳舞）

7 Yoko in Chung Tzu
（洋子在莊子屋—笛子的音樂）

8 In The Garden of the Beloved
（在愛人的花園裡—柔和音樂）

9 Yes to the River
（對河流說是—欣賞音樂）

10 Fragrance of the Rose
（玫瑰的芬芳—柔和音樂，海的聲音）

11 Dancing You Fall in Love
（愛之舞—跳舞的音樂）

12 This ! Commentaries of the Bamboo
（竹子的呢喃—靜心，欣賞）

13 Eagle's Flight (老鷹的飛翔—柔和音樂)
14 Ten Thousand Buddhas
(一萬個佛—與大師會合時所奏的音樂)
15 Buddhas Enjoying Freedom
(佛享受自由—較高昂的音樂)
16 Original Face
(原始的臉—令人喜愛的輕音樂)
17 Terra Incognita (活生生的音樂)
18 Oshoba : Zen Anecdotes in Sound
(禪音—與大師會合時所奏的音樂)
19 Shadow of the Pine
(松樹的影子—較高昂的音樂)
20 Step by Step
(一步一步—有活力的音樂，與大師同在)
21 The Awakening (喚醒—有活力的輕音樂)
22 Tea from an Empty Cup / Riding the Bull
(來自空杯子的茶／騎牛—禪宗靜心音樂)
23 Watching the Grass Grow
(看著草成長—柔和的靜心音樂)
24 Just a Glimpse
(只是一個瞥見—用吉他奏出的曲子)
25 Like the Wind in the Trees / Orange Tree
(樹上的風—喜樂的靜心音樂)
26 Ocean of Bliss (喜樂的海洋—欣賞音樂)
27 Flight of the Dawn
(黎明的飛翔—活生生的、發光的音樂)

28 The Master's Garden
(師父的花園—柔和的曲子)
29 Flowers of Silence / Sea and Silence
(寧靜的花朵／海和寧靜)
30 Hidden Harmony (隱藏的和諧)
31 Osho Gurdjieff's Sacred Dances
(戈齊福神聖的舞)
32 Laughing Drum (笑鼓)

二、歌唱音樂帶 (每卷180元)

1 How Beautiful This Mystery
(這個奧秘多麼美—優美歌唱，附歌詞)
2 Love is an Invitation
(愛是一種邀請—音樂及歌唱)
3 Buddha Within (内在的佛—慶祝的歌唱)
4 Mevlana Love Songs (慶祝和愛的歌唱)
5 Salaam Mevlana (蘇菲宗派愛的歌曲)

三、靜心音樂帶 (每卷200元)

1 The Secret of the Golden Flower
(金色花的奧秘—金色光線的靜心，柔和音樂，參看橘皮書 p.29)
2 Dynamic (動態靜心—早上六點的靜心音樂)
3 Kundalini (亢達里尼—下午五點的靜心音樂)

4 Nadabrama / Nataraj （那達布拉瑪靜心；那塔拉吉—跳舞的靜心，橘皮書 p.147 ，p.54）

5 The Science of Hypnosis（催眠的科學—聽音樂和語言的催眠而進入靜心狀態，附中文講義）

6 Mystic Rose Meditation（神秘的玫瑰—大哭大笑的靜心音樂，參看靜心觀照一書第三部分）

7 No-Mind Meditation
（快速亂語的靜心音樂，參看橘皮書 p.184）

8 Chakra Sound （能量中心的聲音—靜心音樂）

9 Chakra Breathing
（能量中心的呼吸—靜心音樂）

10 Osho Past Life Hypnosis
（前世催眠—幫助進入前世的催眠音樂及語言）

11 The Forgotten Language
（被遺忘的語言—催眠的音樂）

12 Gourishankar, Devavani, Prayer
（戈利仙卡靜心，德伐瓦尼靜心，祈禱靜心，橘皮書 p.192, 194 和 188）

13 No-Dimensions （無邊無際）

14 Heart （心脈動的靜心音樂）

15 Mandala / Whirling
（曼達拉／旋轉—靜心音樂，參看橘皮書 p.44，138）

16 Evening Satsang with the Master I
（晚上與師父會合的音樂，第一卷）

17 Evening Satsang with the Master II
（晚上與師父會合的音樂，第二卷）

18 Evening Satsang with the Master III
(晚上與師父會合的音樂，第三卷)

19 Evening Satsang with the Master IV
(晚上與師父會合的音樂，第四卷)

20 Evening Satsang with the Master V
(晚上與師父會合的音樂，第五卷)

21 Osho Overtone Chakra Meditation
(奧修泛音能量中心靜心音樂—靜坐可用)

22 Sounds for the Seven Chakras
(七個能量中心的聲音)

23 Body Love(身體之愛—放鬆與催眠的最佳音樂)

四、印度音樂及歌唱 (每卷180元)

1 Appa Jalgaonkar and Keshav Ginde
(印度樂器演奏)

2 Kalyanji presents: Sadhana and Sonali Vocals

3 Nityananda Haldpur (flute) (笛子的音樂)

4 Ustad Usman Khan (Sitar and Tabla)
(印度西達琴演奏曲)

5 Shahid Parvez (Sitar and Tabla)
(印度西達琴獨奏)

6 Osho Kirtan 1990 (慶祝音樂)

奥修「錄影帶」目錄

1 **我來到一個成道者的脚下**

(I Go To The Feet of the Awakened One)

奥修大師一九八四年三月二十一日成道日的紀念影片。(26分，中文字幕)

2 **早上和晚上的靜心**

奥修大師在印度普那帶領門徒們做晨間和晚間靜心的實況錄影。(42分，中文字幕)

3 **「神祕玫瑰」演講系列之四**

講題：放開來——基本原則

奥修大師在印度普那於1988年3月24日晚間對門徒的演講實況。(58分，中文字幕)

4 **人類宣言**

奥修大師對全世界發表宣言，呼籲世人要覺知，要重視我們現在所處的環境。透過靜心先從個人改變，整個社會就會變得更清明。

(28分，記錄片，國語發音)

5 **蘇格拉底再度被下毒**

奥修大師在美國被驅逐出境之後，輾轉到了希臘，在希臘遭到迫害時所發表的演説。

(44分，中文字幕)

6 **我把我的夢留給你們(奧修葬禮)**

(30分，中文字幕)

7 **演講帶：主題(A)男女關係(Relationship)**

(B)貪婪(Greed)

(60分，國語配音)

8 **演講帶：主題(A)放鬆 (Relaxation)**

(B)死亡 (Death)

(60分，國語配音)

9 **演講帶：主題：性(Sex)**

(1小時32分，中文字幕)

10 **印象之旅——奧修普那國際社區**

介紹奧修印度社區。

(30分，中文字幕)

11 **英語演講錄影帶**(附原稿) **(兩卷)**

Subject : Love, Jealousy & Marriage

(2小時29分，英語發音)

12 The Rising Moon

奧修早期在印度的演講記錄片。

(34分，英語發音)

(每卷定價 300 元)

德國進口心靈音樂CD

一、CD欣賞音樂(定價每片430元)

1 Garden of the Beloved
(愛人的花園——柔和音樂)
2 Commentaries of the Bamboo
(竹子的呢喃——靜心，欣賞)
3 Yes to the River
(對河流說是——欣賞音樂)
4 Shadow of the Pine
(松樹的影子——較高昂的音樂)
5 Ten Thousand Buddhas
(一萬個佛——與師父會合時所奏的音樂)
6 In Wonder(在驚奇當中——欣賞，歌唱)
7 Tao Music, Vol.1
(道的音樂，第一卷)

二、CD靜心音樂(定價每片430元)

1 動態靜心(Dynamic——早上六點的靜心音樂)
2 亢達里尼靜心(Kundalini——下午五點的靜心音樂)
3 能量中心的呼吸(Chakra Breathing)
4 能量中心的聲音(Chakra Sound)

5 那達布拉瑪靜心(Nadabrahma)

6 那塔拉吉舞(Nataraj——跳舞的靜心)

7 無邊無際(No-Dimension)

三、新地球音樂CD(定價每片430元)

1 太陽的鏡子(Mirror of the Sun)

2 現在(Now)
(印度笛子大師，融合印度與歐洲的風味)

3 這裡(Here)
(印度笛子大師，融合印度與歐洲的風味)

4 道的滋味(A Taste of Tao)

5 玫瑰・水・月亮(Rose Water Moon)
(佛的冷靜和溫和)

6 跳舞河流的故事(Tales of a Dancing River)

7 部落的聚會(Tribal Gathering)

8 靜心的羅曼史(Meditative Romance)

9 彼岸(Beyond)

10 没有目標只有途徑(No Goal But The Path)

11 科拉色彩(Kora Colors)
(世界音樂——非洲的豎琴和韻律)

12 永恆之門(Door of Eternity)
(白色天鵝飛翔的神聖聲音)

13 求道者(Seeker)

14 心對心(Heart to Heart)

15 靈氣——治療的手(Reiki)

丹麥進口心靈音樂CD

(定價每片430元)

1. 内在的收穫(Inner Harvest)
(滋潤身體和靈魂的優美音樂)
2. 吻著森林(Kiss the Forest)
(將你帶入神秘夢境的音樂)
3. 禪的升起(Zenrise)
(吉他音樂——心靈提升)
4. 按摩的音樂(Music for Massage)
(靜心和按摩用的音樂)
5. 太空走路(Skywalk)
(吉他、笛子——恢復新鮮)
6. 旅程(Journeys)
(进出生命和創造力的音樂)
7. 月水(Moonwater)
(跳舞的音調漂浮在柔和的韻律中)
8. 内在的心流(Notes from the Inner Stream)
(柔和、漂浮、深深地放鬆)
9. 森林散步(Forest Walk)
(安撫和放鬆的音樂)
10. 溫和的火(Gentle Fire)
(柔和音樂，適合睡覺之前聽)
11. 森林小溪(Woodland Stream)
(水聲、鳥叫聲、大自然的聲音)
12. 海浪聲(Ocean Waves)
(回歸自然，舒緩神經)
13. 自然之道(Nature's Way)
(以大自然聲音爲背景的特別推薦曲)

14 來自彼岸的歌(Songs from the Beyond)
(優美的旋律，聲波吉他獨奏)

15 心之光(Light at Heart)
(吉他音樂，將喜悅、快活和無爲帶入心田)

16 心靈(Spirit)
(帶你進入放鬆的親密氣氛，解開工作壓力)

17 藍色世界(Blue World)
(這是常會浮現於心中的柔和旋律)

18 飛翔的夢(Flying Dreams)
(喜悅，提昇精神，新時代的古典音樂)

19 太陽之旅(Journey Towards the Sun)
(溫和而有力，心靈治療，擴展愛和提昇覺知)

20 手(Hands)
(最佳的心靈治療音樂)

21 平衡(The Balance of Gaia)
(這個音樂的美在於喚醒你跟內在美的連繫)

22 叮！(Ding)
(單純，天眞氣氛下的優美旋律)

23 慶祝的時光(Times of Celebration)
(輕快、高雅的鋼琴獨奏)

24 樂奎安(Locrian Arabesque)
(由種種音樂啓發出的有活力、透明的聲音)

25 北極光(Arctic Light)
(以優美的光和狂野的大自然爲背景的音樂)

26 餘波(Aftermath)
(在無時間的氣氛下，融合中古和現代的音樂)

27 歸於中心(Centering)
(靜心，漂浮於柔和的氣氛之中)

奧修心靈系列

1	道之門	定價240元
2	從性到超意識—到達眞愛的旅程	定價200元
3	沙的智慧	定價300元
4	奧秘之書（第三卷）上冊	定價220元
5	奧秘之書（第三卷）下冊	定價220元
6	草木自己生長—禪的眞髓	定價240元
7	瑜伽始末（第一卷）	定價300元
8	橘皮書—奧修的靜心技巧	定價200元
9	女人與婚姻	定價200元
10	成道之路（吠檀多）（上冊）	定價240元
11	成道之路（吠檀多）（下冊）	定價240元
12	智慧金塊	定價200元
13	當鞋子合脚時—莊子的故事	定價300元
14	生命、愛與歡笑	定價160元
15	靜心冥想—狂喜的藝術	定價250元
16	密宗譚崔的精神與性	定價180元
17	信心銘—禪宗三祖僧璨眞言	定價300元
18	般若心經	定價320元
19	老子道德經（第二卷）	定價300元
20	靜心觀照—修行的指引	定價360元

21	奧修傳	定價220元
22	白雲之道	定價300元
23	佛陀法句經（第一卷）	定價300元
24	金錢與工作—新人類的生活觀	定價160元
25	老子道德經（第一卷）	定價300元
26	奧修占卜卡	定價500元
27	死亡的幻象	定價180元
28	金剛經	定價320元
29	新人類—未來唯一的希望	定價200元
30	放輕鬆些！——休禪詩（第一卷）	定價300元
31	放輕鬆些！——休禪詩（第二卷）	定價240元
32	莊子—空船	定價360元
33	老子道德經（第三卷）	定價320元
34	耶穌說（上冊）	定價320元
35	奧修禪卡——禪宗超凡的遊戲	定價600元
36	靜心與健康（上冊）	定價280元
37	道子道德經（第四卷）	定價320元
38	靜心與健康（下冊）	定價320元
39	禪宗十牛圖——找尋	定價320元
40	與大師同在——新金剛經	定價400元
41	醒悟的話語	定價250元

簡介奧修大師對「素食」的看法

奧修大師認爲素食進入體內之後所產生出來的能量比較輕，比較能夠往上提，而葷食進入體內之後所產生出來的能量比較重，比較會向下流。向上的能量比較朝向愛，比較有利於修行，向下的能量則比較朝向暴力。因此在印度普那的奧修國際社區裡面只提供素食。

另外奧修大師曾經說過，動物在被殺的時候會因爲恐慌而分泌出一些毒素到體內，如果我們吃了牠的肉會受到一些不好的影響。

奧修大師認爲吃素是基於美感的理由，因爲殺動物來吃是一件醜陋的事。

然而由於奧修大師一向不講求戒律而強調覺知，所以他並沒有硬性規定門徒一定要吃素，但是當一個人的修行越深入，他就自動會吃得越來越素。

奧修對「安全的性生活」所給的指引

一、如果你已經準備好可以將性完全拋掉，透過了解，而沒有壓抑，那是最安全的保護，可免於各種由性傳染的疾病。

二、或者，你可以保持跟同一個伴侶在一起，融入同一個伴侶，越來越進入親密，而越少進入性行爲。

三、即使你跟同一個伴侶在一起，或是換你的伴侶，而你選擇要有性行爲，至少你要懂得利用現有的科學知識：在性行爲當中要使用保險套，在前戲和後戲時要戴乳膠或橡膠手套。

四、必須完全避免肛交和口交，因爲這無法保護你使免於愛滋病。

五、最後，在任何性行爲之後要小心地清潔你自己。

當鞋子合腳時

—莊子的故事—

在我們進入莊子的故事之前第一件要了解的事就是：成爲自然的。任何不自然的事都必須避免，不要做任何不自然的事，只要自然就夠了，你無法對它加以改善……一旦你努力去改善自然，它就喪失了——那意味著你試圖去改善神……莊子不贊成如此，他說自然就是最終的，而那個最終的自然，他稱之爲「道」。

定價 300元

生命・愛與歡笑

生命——不應該只是變老，它必須成長。

愛——是你生命的歡舞！去愛就是去經驗你本身內在最美的空間。

歡笑——帶來力量，笑從你內在的泉源引出一些能量到你的表面，能量開始流動。笑和祈禱一樣神聖。

定價 160元

禪宗十牛圖

— 找尋 —

這個十牛圖代表一個人的探詢，那個探詢我稱之為人！那隻牛意味著你的能量，那是一個未知的奇怪的能量，但它就是你。廓庵描繪出一個人整個找尋的十張圖，人就是一個找尋。

定價320元

與大師同在

— 新金剛經 —

九十六輛勞斯萊斯的車是不需要的，我無法同時使用九十六輛勞斯萊斯的車，它們又是同樣的款式，同樣的車子。但是我想要讓你們很清楚地看到，你們為了要取得一輛勞斯萊斯的車卻寧願拋棄一切對真理、愛、和心靈成長的追求。我故意創造出一個你們會覺得嫉妒的情況。一個師父的功能非常奇怪，他必須幫助你了解你內在意識的結構——它充滿了嫉妒。

定價400元

女人與婚姻

作　者：奧修大師 (OSHO)
譯　者：謙達那
發行人：林國陽
美　編：點石工作室．黃慧甄
校　對：德瓦嘉塔
出版者：奧修出版社
100台北市臨沂街33巷4號2樓
電話：(02) 2395－1891
傳真：(02) 2396－2700
登記證：局版臺業字第5531號
劃撥帳號：12463820（書、錄影帶、錄音帶、CD）
帳户：林國陽
總經銷：學英文化事業有限公司
總公司／新店市中正路四維巷2弄5號5F
電話：(02) 2218－7307（代表號）
傳真：(02) 2218－7021
台中分公司／台中市北屯區松竹路二段598-2號
電話：(04) 295－3356
傳真：(04) 293－6457
高雄分公司／高雄市前鎮區擴建路1-35號5F
電話：(07) 815－5583
傳真：(07) 815－5841
劃撥帳號：05786905（書）
帳户：學英文化事業有限公司
印刷所：世和印製企業有限公司
初　版：1991年11月
六　刷：1999年6月

定價：200元

ISBN 957－8693－30－3

國立中央圖書館出版品預行編目資料

女人與婚姻／奧修大師（Osho）原著；謙達那譯
．—初版；—臺北市；奧修出版；[臺北縣]
新店市；學英總經銷，1994[民83]
面；　公分，—(奧修心靈系列；9)
譯自：A new vision of women's liberation
ISBN 957-8693-30-3（平裝）

1.婦女　2.兩性關係　3.婚姻

544.5　　83009553